AF198453

Uwe Schwartzer

Beziehungskisten

Eine populärsatirische
Abhandlung

Inhalt

Faktenlage

Der Mensch gilt als soziales Wesen, da er sich zu Seinesgleichen hingezogen fühlt. Absolut nichts ist für ihn grausamer als mutterseelenallein mit sich selbst, die Zeit verbringen zu müssen. Daher sucht er solche Momente zu meiden, weil die Abwesenheit von ansprechbaren Artgenossen ihn trübsinnig und mutlos stimmt, wobei ihm zudem bewusst wird, dass er als unbedeutendes Rädchen im Weltgetriebe, gar nicht weiß wozu er eigentlich da ist in diesem irdischen Jammertal.

Am Wohlsten ist ihm daher zwischen Menschenmassen, von denen er glaubt, dass sie so sind wie er; die gleichen Interessen und Neigungen haben, dieselbe Sprache sprechen, für den Fußball leben und für den HSV sterben würden. So versinkt er bei einem Heimspiel glückselig in der Anonymität der fünfzigtausend Zuschauer, überzeugt davon, fester Bestandteil eines größeren Ganzen zu sein.

Natürlich gilt dies auch für Leute, die sich nichts aus Fußball machen, sondern aus weltanschaulichen Gründen, ähnliche Erfüllung nur auf überdimensionierten Kreuzfahrtschiffen finden, während pazifistischer Ostermärsche, bei Sakramentsprozessionen durchs Tragen der Monstranz oder am Christopher Street Day als Teil der Schwulen- und Lesbenparade, denen sich inzwischen auch die

Bi- und Polysexuellen, Transgender und Hermaphroditen angeschlossen haben.

Neben diesen Vergnügungen des gesellschaftlichen Lebens strebt der Mensch auch noch nach Freude und Bestätigung, die er Zuhause genießen kann. Denn schließlich erfüllt selbst ein 85 Zoll LCD/LED Fernseher mit Ultra HD nicht sämtliche menschlichen Bedürfnisse.

Mit Ausnahme der Mitbürger die sich mit Hund, Katze, Kanarienvogel oder Aquarium begnügen, war es früher üblich sich zu diesem Zweck ein gegengeschlechtliches Exemplar der eigenen Spezies ins Haus zu holen. Wenn möglich eines, das dem eigenen Bildungsstand in etwa entsprach und das auch tagsüber bei Freunden und Bekannten kein verständnisloses Kopfschütteln auslöste.

Entscheidend war jedoch, dass dieses Alter Ego in den wesentlichen Lebensfragen (Alkohol, Sex, Fun) die gleichen Ansichten hegte. Denn der Mensch ist ein vielfältiges Geschöpf mit häufig unvereinbaren Religionen, ethischen Überzeugungen, politischen Ansichten, sportlichen Sympathien und sexuellen Neigungen.

In Zeiten ausufernden Genderismus ist es jedoch nun nicht mehr so leicht einen entsprechenden Partner ausfindig zu machen. Nicht nur, dass Lesben und Schwule das Angebot unübersichtlich gestalten, auch sonst wird es zunehmend komplizierter festzulegen, ob ein Kandidat heterosexuell, bisexuell, transsexuell oder gar autosexuell orientiert ist.

Zusätzliche Schwierigkeiten treten dadurch auf, dass dieses Spektrum sexueller Ambitionen keineswegs unverändert lebenslang gilt, sondern sich ständigem Wechsel ausgesetzt sieht. So ist schon mancher ahnungslose Hetero mit einer mannstollen Nymphe ins Bett gestiegen und nach einigen Jahren neben einer spröden Lesbe wieder aufgewacht. Auch Ehefrauen, deren Männer regelmäßig mit ihren Kumpeln Urlaub machen, sollten darüber nachdenken ob sie noch Zielsubjekt der sexuellen Selbstbestimmung ihrer Angetrauten sind.

Darüber hinaus existieren noch zahlreiche legale und illegale Mischformen, die von Inzest, also Sex mit Eltern und Geschwistern, über Pädophilie bis hin zur Sodomie reichen.

Insgesamt darf festgehalten werden, die sexuellen Gewohnheiten des Menschen haben sich nur allzu bereitwillig dem allgemeinen kulturellen Zerfallsprozess angepasst. Außerdem sind die meisten von ihnen gesetzlich verboten.

Bevor sich jetzt jedoch eine gewisse Hoffnungslosigkeit breit macht, sei an dieser Stelle der Hinweis gestattet, dass zur Überwindung dieser Problematik umfassende institutionelle Lösungsvorhaben entwickelt wurden, die später noch ausführlich behandelt werden.

Ein Mensch, der sich dazu durchgerungen hat die freudlose Zeit zwischen zwei Fußball - Bundesligaspielen mit einem Partner zu verkürzen, kann dies auf unterschiedliche Weise versuchen. Dabei ist die Dauer der gewählten Verbindung das entscheidende Merkmal. Denn wie jeder weiß, ist die Zeit der natürliche Feind von Liebschaften, erotischen Beziehungen, sowie gesetzlich geregelten Verhältnisformen. Sie wandelt nämlich nicht nur die Haut von frisch und glatt in welk und faltig; mit Unterstützung der Schwerkraft gelingt es ihr auch athletisch oder grazil anmutende Körper in birnenförmige Gestalten zu verändern, deren Häupter sich durch die Krümmung des Rückgrats demütig nach vorn zur Erde neigen.

Neben dieser körperlichen Deformierung zeigt sich die Zeit auch noch verantwortlich für den Wechsel bisheriger Lebensgrundsätze beim Partner. Plötzlich nix mehr Sex und Fun, nur noch Bares, Renommee und womöglich Sympathie mit dem FC Bayern sind angesagt.

Erschreckt durch diese Horrorszenarien bevorzugen überzeugte HSV-Fans die kürzeren Beziehungsalternativen. Diese reichen vom „One-Night-Stand" – viel häufiger sind „Half-Nights-Stands – über „Week-End-Liaisonen", abteilungsübergreifende „Betriebsfeier-Kontakte", "Call-Center-Buchungen" bis hin zu ehelichen Pflichtvertretungen für den Fall, dass ein Kollege beim Fortbildungsseminar weilt und für einige Zeit nicht das eigene Bett hüten kann.

Wer diese Formen der spaßorientierten Selbstverwirklichung für verwerflich hält, da er auf das antiquierte „Verliebt-Verlobt-Verheiratet-Modell" fixiert ist, das uns die Monogamie beschert hat, dem seien folgende Wahrheiten ins wertkonservative Antlitz geschleudert.

In unserem Land wird nicht nur immer weniger geheiratet, seit geraumer Zeit wird auch noch jede zweite Ehe geschieden. Die verbleibenden fünfzig Prozent würden sich auch gern scheiden lassen, können sich das aber aus finanziellen Gründen nicht leisten. Denn nicht ewige Liebe und Treue, die Armut kittet sie zusammen, da zwei Haushalte zu finanzieren für sie unerschwinglich ist. Daneben existieren natürlich auch noch viele andere Gründe, die eine Scheidung verhindern obgleich die Ehe gar keinen Bestand mehr hat. Ein leuchtendes Beispiel dafür ist unser derzeitiger Bundespräsident Joachim Gauck, der die Statistiken verschönt obgleich er schon seit Jahren mit einer anderen herummacht.

So wird die überkommene Institution der Ehe nur noch von einigen älteren Menschen als Keimzelle des Staates und von der katholischen Kirche verteidigt. Da aber kaum noch jemand in die Kirche geht und Deutschland dabei ist sich als Staat abzuschaffen um als Provinz Europas wieder aufzuerstehen, hat sich dieses Modell offensichtlich überholt.

Diese fatale Entwicklung wurde bereits antizipiert von Sigismund Schlomo Freud, (sie wissen schon, der österreichische Begründer der Psychoanalyse) als er vermutete, das Naturell des Menschen könnte im Widerspruch zur lebenslangen Zweierbeziehung stehen. Solche Prognosen werden inzwischen durch den Trend zur Zweit- oder Dritt-Ehe bestätigt.

Progressive rote und grüne Politiker haben diese Tendenzen vorhergesehen und sind daher auch auf diesem Gebiet dem Wahlvolk weit voraus. So hat der zurzeit ledige Gerhard Schröder (rot) vier Ehen überlebt, Oskar Lafontaine (dunkelrot) genießt die Freuden seiner vierten Ehe und Joska Fischer (grün) ist gar zum fünften Mal verheiratet. Die Vertreter der anderen Fraktionen können da nicht mithalten. Hier und da ein paar uneheliche Kinder, sonst weiter nichts Bahnbrechendes. Selbst Angela Merkel (schwarz) dümpelt, trotz langer Amtszeit, immer noch in zweiter Ehe vor sich hin. Auch wieder ein Zeichen dafür, dass sich selbst Karriere-Frauen fortschrittlichen Trends nur zögerlich öffnen.

Das Ideal einer einzigen, monogamen Beziehung ist somit schon mal durch eine serielle Monogamie ersetzt worden. Daraus erwachsen für alle Beteiligten beachtliche Vorteile. Man kann beispielsweise das Ritual des Junggesellenab-schieds, (nach Geschlechtern getrennte Sauftour incl. Bordellbesuch) häufiger im Leben genießen.

Doch Vorsicht: Besitzen Braut und Bräutigam das gleiche Geschlecht, will der neue Partner beim Abschied dabei sein. Ein weiterer Nachteil der Homo-Ehe.

Denn nach dieser letzten ungezwungenen Nacht, am schönsten Tag seines Lebens, entsagt man allen Ausschweifungen, konzentriert sich auf ein Lustobjekt und gibt seine Freiheit an der Garderobe des Standesamtes ab. Wohlwissend, man bekommt sie vom Scheidungsrichter zurück. Wird man dadurch nicht völlig ruiniert, ist das doch keine schlechte Sache.

Der Tod hat also seinen Schrecken verloren. Er scheidet nur noch einen unbedeutenden Teil der Ehen. Der Rest wird gerichtlich aufgelöst. Dies betrifft allerdings nicht die aus dem Verfahren resultierenden Zahlungsverpflichtungen, die wie auch früher, erst mit dem Tod enden.

Wen man sich auch immer aussucht zur Überbrückung ereignisloser Stunden, die Wahl darf niemals spontan sein. Schon einer unserer klassischen Dichterfürsten Friedrich Schiller formulierte so treffend: „Drum prüfe wer sich ewig bindet, der Wahn ist kurz, die Reue lang", und so weiter.

Wesentlich wichtiger als die gesuchte Zielperson ist jedoch die Art der gewählten Verbindung.

Ist es nicht vermeidbar sich das siebte Sakrament der Ehe aufzubürden, sollte unbedingt darauf geachtet werden, bestehende kurzfristige Beziehungen nicht zu vernachlässigen. Weil in unseren aufgeklärten Zeiten für einen modernen Menschen nichts so rufschädigend ist, wie als heterosexueller Monogamist verunglimpft zu werden. Denn wer möchte schon zu dieser heteronormativen Masse Mensch gehören, die heiratet, monogam lebt und Bausparverträge abschließt.

Individualität ist angesagt. Dazu muss man aber queer sein. Wie fast alles Neue kommt der Begriff „queer" aus dem englischen und beschreibt abfällig Tätigkeiten oder Leute, die von der sexuellen Norm abweichen. Personen, die der Queer-Philosophie anhängen versuchen die restriktiven Regeln der Gesellschaft zu durchbrechen. Man vertritt die Überzeugung, dass der Zwang zur Heteronormativität beseitigt werden muss, so dass ein jeder sein Leben nach eigenen Vorstellungen, sexuellen Identitäten etc. führen kann.

Queer sind aber nicht nur Schwule, Lesben, Bisexuelle und so weiter, sondern auch Feministinnen, die sich den tradierten weiblichen Wirkungsbereichen der drei „K", Kinder-Küche-Kirche entziehen wollen und durch die von ihnen angestrebten drei „K", Kneipen-Kerle-Karriere zu ersetzen versuchen.

In ihrem ständigen Kampf gegen die männliche Vorherrschaft hätten sie bereits viel mehr erreicht, wenn sie nicht so verbissen, humorlos und kritik-resistent wären.

Der geringste Konflikt zwischen den Geschlech-tern wird von ihnen aufgebauscht, so dass es zur weiteren Kriminalisierung des Mannes kommt, die dann in Beschimpfungen wie hirnloser Macho, homophober Neo-Nazi oder gebärmutterloser Antifeminist ausufert. Bei kritischen Kommenta-ren, Fragen oder den geringsten Abweichungen vom Standpunkt dieser paranoiden Frauenrecht-lerinnen, gehen sie hoch mit der Zuverlässigkeit heimtückischer Tretminen.

Auf diese Weise kann nicht der Eindruck entste-hen, dass man an einer Welt interessiert ist in der alle Geschlechter friedlich miteinander leben.

Insgesamt ist diese LGBT-Gemeinschaft (Lesbi-an-Gay-Bisexual-Trans) wohl wesentlich größer als sie sich selbst einschätzt, da die heteronormativen Vorgaben ruinösem Verfall ausgesetzt sind. So steht eine ihrer tragenden Säulen, die Monoga-mie, auf schwankendem Untergrund. Immer mehr Heteros praktizieren Polyamorie, wechseln von einem Seitensprung zum anderen oder besuchen gemeinsam Swingerclubs.

So ist es daher von vitalem Interesse für den interessierten Leser sich das von Experten gesam-melte und hier niedergeschriebene Wissen zum eigenen Vorteil anzueignen.

Sexuelle Orientierungen

In der Guten Alten Zeit, als es die sexuelle Selbstbestimmung noch nicht gab, unterschied man lediglich zwei Geschlechter, sowie zwei sexuelle Lager, die Normalen und die Perversen. Nichts davon gilt heute mehr. Die Geschlechterzahl hat sich inzwischen vervielfacht und Unterscheidungsmerkmale wie normal und pervers sind nicht mehr gebräuchlich. Die Normalen findet man gelegentlich zwischen den Heteros, die mit weit über 90% die sexuelle Szene in unserer Gesellschaft beherrschen. Die Perversen sind völlig von der Bildfläche verschwunden. Denn durch den konzertierten Einsatz der Frauen-, Lesben- und Schwulenbewegungen hat heute jeder das Recht über seine Sexualität frei zu bestimmen, wodurch die Perversen in noch kleinere Splittergruppen aufgeteilt wurden.

Die sexuelle Selbstbestimmung hat sich inzwischen zu einem hohen Gut entwickelt, dessen gesellschaftspolitische Bedeutung gleich hinter der Pressefreiheit rangiert. Sie schließt sowohl die sexuelle Orientierung, wie Heterosexualität, Homosexualität etc. ein, als auch die freie Wahl der Sexualpartner, der sexuellen Praktiken wie BDSM, des Ausdrucks der Geschlechtsidentität wie Transgender, Intersexualität, und der Form der sexuellen Beziehung wie Monogamie, Zölibat oder Promiskuität.

Die Frauenbewegung sieht die sexuelle Selbstbestimmung als Ausdruck der Befreiung aus der mentalen und wirtschaftlichen Abhängigkeit von heterosexueller Dominanz des Mannes. Um den Mann ruhig zu halten wurde ihm eingeredet, dass die fehlende sexuelle Selbstbestimmung in einer Gesellschaft Ausdruck einer unzureichenden sozialen Bildung ist. Da Männer nun nicht gern als ungebildete Tölpel bloßgestellt werden, haben sie die Frauen gewähren lassen. Das Ende ist völlig ungewiss, aber sicher schrecklich.

Dabei weiß letztlich niemand so recht worum es eigentlich geht in dieser Auseinandersetzung. Die Männer sind ihrer Aufsichtspflicht immer nachgekommen. So wurden beispielsweise durch die Einführung der Monogamie Frauen vor der sexuellen Verwahrlosung bewahrt. Auch mussten sie im Abendland weder Tschador noch Burka tragen. Nicht einmal die Genitalien wurden ihnen verstümmelt.

Nun erwarten die meisten Männer sicher keinen Dank, aber die Zeiten könnten sich ändern. Wenn durch den endlosen Zustrom islamischer Immigranten die Anzahl der Moscheen und Ehrenmorde weiter zugenommen hat, und wir uns langsam aus der Willkommens- in die islamische Kultur integriert haben. In einigen dänischen Kitas wurde bereits das Schweinefleisch mit Blick auf die vielen muslimischen Kinder, vom Speiseplan gestrichen, und bei uns werden Klassenarbeiten mit muslimischen Feiertagen abgestimmt. Spätestens dann wird die Schari`a unsere schwächelnde Rechtsordnung verdrängen. Danach werden Ehebruch und Homosexualität mit dem Tode bestraft. Und nach Einführung dieser archaischen Traditionen wird die sexuelle Selbstbestimmung kein Gegenstand öffentlichen Interesses mehr sein.

Da fällt mir gerade ein, was wohl passiert wenn wir den Bayern, mit Rücksicht auf unsere arabischen Neubürger, den sonntäglichen Schweinebraten und ihre geliebten Haxen verbieten? Ein Volk greift zu den Waffen, sage ich ihnen. Zumindest wird sich der Freistaat vom Rest der Republik lösen und seine Unabhängigkeit ausrufen. So wie die Katalanen in Spanien es planen. Nun sind zwar die Bayern kein allzu beliebter Menschenschlag in unserem Lande, man denke nur an die Fußball-Bundesliga, jedoch Berlin braucht sie, allein schon wegen des Länderfinanzausgleichs.

Aber lösen wir uns doch lieber von diesem defätistischem Gedankengut. Kehren wir zum Thema zurück und klären vorerst einige Schlüsselbegriffe. Welche sexuellen Orientierungen, Formen, Praktiken und Geschlechtsidentitäten gibt es und was verstehen wir darunter. Diese Vorgehensweise hat sich schon oft als hilfreich erwiesen, da sonst jeder Meinungsaustausch unter Andersdenkenden in üblen Beschimpfungen oder gar

Handgreiflichkeiten endet, wie man es leider allzu oft in den Parlamenten oder in zerrütteten nachbarlichen Ehen miterleben kann.

Sie wissen nicht was ich meine? Passen Sie auf! Neulich habe ich mir auf einem Weihnachtsmarkt – ist die Bezeichnung eigentlich noch politisch korrekt? Wir wollen doch unsere Salafisten nicht vor den Kopf stoßen – na ja, wie auch immer: Ich habe mir mit einem dieser Glühweine – wieso darf man dieses künstliche Zeug eigentlich Wein nennen? – die Zunge verbrannt. Dabei fiel mir augenblicklich meine Mutter ein, die, als ich noch in durchnässten Windeln lag, immer „heiß, heiß" sagte bevor sie mir ein Löffelchen von diesem labberigen Hipp-Milchbrei in den unersättlichen Schlund schob.

Was bedeutet also heiß? Für einen Hochofenarbeiter vielleicht 1200 Grad, wenn Stahl schmilzt, für einen Fernsehkoch unter Umständen so um die 100 Grad, wenn die Hühnersuppe kocht und für einen Gigolo wahrscheinlich nur 37 Grad, wenn sich sein weibliches Opfer stöhnend in seinen Armen windet.

Also seien sie vorsichtig wenn jemand zu ihnen sagt: Ich liebe dich. Sie wissen nie genau was gemeint ist.

Trotzdem, packen wir es an.

***

Heterosexualität

Hierbei handelt es sich um die sexuelle Orientierung bei der Liebe, Romantik und sexuelles Begehren ausschließlich für Personen des anderen Geschlechts empfunden werden.

Dieser Personenkreis ist damit den Homosexuellen sehr ähnlich, die ebenfalls, im Gegensatz zu den Bisexuellen jeweils nur ein Geschlecht bevorzugen.

Heteros unterscheiden sich von den Homos dadurch, dass sie Nachkommen produzieren, wenn sie zu geizig sind bei einem Date, außer dem Rotkäppchen-Sekt, auch noch die Pille-danach mitzubringen.

Ein Hetero-Mann verunglimpft naturgemäß Homo-Männer. Sich einen Kopulationsakt dieser Abartigen vorzustellen verursacht ihm Ekel. Er bevorzugt schlüpfrige Macho-Sprüche und starrt auf Frauen-Brüste, die er auch gern befummelt.

Er weiß wo Frauen hingehören. Entweder an den Herd oder an die Tanzstange im Nachtclub.

Bei der Schwulenfeindlichkeit des Hetero-Mannes steht die Forschung vor einem Rätsel, da homosexuelle Männer keinerlei Konkurrenz für ihn darstellen, wenn es um die Weibchen geht.

Im Gegensatz dazu hegt die Hetero-Frau – in Fachkreisen auch Hetera – keinerlei spezielle Aggressionen gegen ihre lesbischen Geschlechtsgenossinnen. Ihr Feindbild konzentriert sich

– angepasst an ihre intellektuellen Möglichkeiten – grundsätzlich auf alles Weibliche, das sie umgibt. Sie fühlt sich nur in Gegenwart von Männern wohl, gleich ob diese jung, debil, hässlich oder verbeamtet sind. Entscheidend ist, es befindet sich ein funktionsfähiges Glied in der Hose. Dabei geht es ihr nicht darum mit allen ins Bett zu steigen. Was sie unbedingt braucht ist das Gefühl man(n) wolle sie dort hineinzerren. Aus diesem Grunde straft sie auch den Homo-Mann mit Verachtung, da er ihr als Opfer nicht zur Verfügung steht.

Toleriert der Hetero-Mann Geschlechtsgenossen noch in gewissem Umfang, wie als Saufkumpan oder beim Gedankenaustausch am Pissoir, so beißt die Hetera andere Frauen gnadenlos weg. Sie mischt sich mit anzüglichen Bemerkungen in jedes Gespräch ein, das ein Mann mit einer anderen Frau führt. Wenn diese sich dann entnervt entfernt, weist sie noch wegbegleitend auf deren miese Figur und stadtbekannte Nymphomanie hin.

Mitarbeiterinnen, die während eines Betriebsausflugs am lautesten über die schlüpfrigen Witze des Chefs lachen, sind eindeutig Heteras.

Da in einer Demokratie die Majorität immer Recht hat, können die Minderheiten nach Belieben diskriminiert und unterdrückt werden. Abweichler werden zwar nicht mehr überall strafrechtlich verfolgt, aber da von den Heteros die Alleinherrschaft beansprucht wird, kann man durchaus von einer Diktatur der Mehrheit sprechen. Also wird die Menschheit fortfahren unsere Welt zu übervölkern. Schließlich handeln wir im biblischen Auftrag wenn wir uns weiter fruchtbar mehren und uns die Erde untertan machen, bis ein Atomkrieg, eine unkontrollierbare Seuche oder ein anderes Naturereignis Luft schafft für eine andere Spezies wie zum Beispiel die Insekten.

Die Ausübung gewaltfreier, einvernehmlicher heterosexueller Aktivitäten ist bei Vorliegen bestimmter Voraussetzungen, wie Mindestalter, Beachtung des Inzestverbots, straffrei. Bedingung für diesen Generaldispens ist jedoch die erfolgreiche Wahl einer geeigneten Location.

Geschlechtsverkehr, Beischlaf und andere zur Kopulation führenden Handlungen, wie Petting und sonstige manuelle oder orale Stimulationen sind nach heutiger Gesetzeslage unzulässig in:

...Opernhäusern und Theatern (bei über 50% Belegung)

...Museen und Krematorien

...Kirchen (während des Gottesdienstes)
Ausgenommen von diesen Regelungen sind:

...Hamburger Presseball

...SPD-Parteiveranstaltungen

...Love Parade

...Oktoberfest, Karnevalssitzungen

Finden diese Aktivitäten außerhalb einer bestehenden Partnerschaft statt, können sie zwar gelegentlich gesellschaftliches Missfallen erregen, werden aber nicht strafrechtlich sanktioniert. Denn durch die sexuelle Revolution in der 60er Jahren und die Einführung der Pille wurde der voreheliche Geschlechtsverkehr moralisch abgesegnet, sowie die Straftatbestände Ehebruch und Kuppelei abgeschafft.

Heute halten nur noch einige unbedeutende Glaubensgemeinschaften, wie die Shaker und die Harmony Society sexuelle Handlungen zwischen Mann und Frau für sündhaft.

Nun sollte aber niemand glauben, alle Heteros wären gleichzeitig auch glühende Anhänger der Monogamie. Mitnichten. Ein Teil von ihnen bevorzugt eine polyamoröse Lebensweise. Das heißt sie haben zur gleichen Zeit Liebesbeziehungen zu mehreren Partnern, mit Wissen und Einverständnis aller Beteiligten.

Jean Paul Sartre und Simone de Beauvoir praktizierten Polyamorie. Er hatte wesentlich mehr weibliche Bekanntschaften als sie, dafür pflegte sie auch noch gleichgeschlechtliche Beziehungen.

Verlässliche Methoden zur Heilung der Heterosexualität sind zurzeit nicht bekannt. Die Erforschung dieses triebhaften Reproduktionszwanges steckt noch in den Kinderschuhen. Die Heteros repräsentieren die sexuelle Leitkultur. Zwei ihrer erfolgreichsten Repräsentanten sind:

Frau F. Vassilijev (1707-1782), Russland, gebar 69 Kinder, 16 mal Zwillinge, 7 mal Drillinge, 4 mal Vierlinge.

Herr Ziona Chana (71), Indien zeugte mit 39 Ehefrauen 94 Kinder.

***

Homosexualität

Homosexuelle Menschen fühlen sich vom eigenen Geschlecht angezogen. Also nicht unbedingt von sich selbst, das wäre dann Autosexualität, die wir später behandeln und die uns auch zu der biblischen Gestalt Onan führen wird.

Frauen von Frauen und Männer von Männern. Homosexuell beinhaltet wie heterosexuell, im Gegensatz zu bisexuell, die Beschränkung auf nur ein Geschlecht.

Für die katholische Kirche ist Homosexualität eine unheilbare Krankheit, für Futurologen die zukünftig einzig denkbare Form menschlichen Zusammenlebens. Denn nur kinderlose Homos können die Erde davor bewahren demnächst von mehr als zehn Milliarden vermehrungsorientierter Menschen übervölkert zu werden. Aber die Aussichten sind nicht sehr vielversprechend, denn homosexuell sind nur etwa sechs bis acht Prozent der Weltbevölkerung.

Homos leben eindeutig gefährlicher als Heteros. In knapp der Hälfte der Mitgliedsstaaten der Vereinten Nationen werden sie strafrechtlich verfolgt. Die Bußen sind drakonisch und reichen bis zur Todesstrafe. In der UNO versuchen die islamischen Staaten, in seltener Einmütigkeit mit dem Vatikan, allein schon die Diskussion über die Menschenrechtslage für Schwule und Lesben zu verhindern. In Polen wird laut darüber nachgedacht Homos in Lagern unterzubringen. Bei uns können sie als eingetragene Lebenspartner anerkannt werden. Das ist radikalen Teilen der Lesben- und Schwulenbewegung zu wenig. Man lehnt diese sogenannte „Ehe-Light" ab. Stattdessen fordert man die Abschaffung der Ehe überhaupt und empfiehlt Wahlverwandtschaften auf Zeit für alle.

Bei uns wurde der Schwulen-Paragraph 175 des Strafgesetzbuches erst 1994 endgültig abgeschafft. Dieser genoss auch bei Nichtjuristen einen gewissen Bekanntheitsgrad, der sich durch populäre Sprüche manifestierte:

„Du Hundertfünfundsiebziger!"

„Du bist wohl am 17. Mai geboren!"

Auch heute noch wird schwule Sexualität mit HIV bzw. Aids in Verbindung gebracht, weswegen es Homos auch verboten ist Blut oder Organe zu spenden.

Doch zurück zu den Ursprüngen und trotz allem, „Ladies first". Widmen wir uns den Lesben.

Auf der griechischen Insel Lesbos im ostägäischen Meer sollen Lesben im Jahre 600 vor Christi, erstmalig gesichtet worden sein. Die Wissenschaft konnte bisher nicht zweifelsfrei nachweisen, was die Ursachen für diese Entwicklung waren, aber der gesunde Menschenverstand offenbart doch sofort einige mögliche Lösungsansätze. Sicher ist, die Männer waren für längere Zeit abwesend. Entweder führten sie Krieg gegen die Korinther oder befanden sich auf Montage beim Bau eines neuen Zeus-Tempels, was auch damals schon Jahre dauern konnte.

Neuere Forschungen haben jetzt jedoch ergeben, dass bereits 800 v. Chr. die Amazonen diesem lesbischen Kult frönten. Sie waren hoch gewachsen, muskulös, furchteinflößend, gewalttätig und kriegerisch. Ihren kleinen Töchtern verstümmelten sie die rechte Brust, damit diese später den Bogen ungehindert abschießen konnten. Männer eroberten sie auf ihren Kriegszügen, benutzten sie aber nur zur Aufzucht. Erst als Herakles ihre Königin Hippolyte erschlagen hatte konnten sie gezähmt werden. Durch ihre bisherige primitive Lebensweise waren sie stark für Luxusgüter anfällig, was ihre Domestizierung sehr beschleunigte. Denn als sie begriffen hatten, dass man nicht länger Gewalt benötigte um etwas zu bekommen, stürzten sie sich nicht mehr ins Kampfgetümmel, sondern in die Betten ihrer Ehemänner. Doch wie nicht nur jeder Mediziner weiß sind nicht alle Frauen therapierbar. Daher fristen einige von ihnen als rabiate Flintenweiber, Suffragetten, Feministinnen und Quotenfrauen seit Jahrhunderten ein ereignisarmes Leben.

Da sich die lesbische Subkultur später auch als politische Bewegung verstanden hat, verknüpfte sie ihren Kampf für Lesbenrechte mit dem der Rechte für Frauen generell. Daher ist heute nicht immer leicht zu erkennen für welche Rechte sich kampferprobte Feministinnen nun eigentlich einsetzen.

In diesem Zusammenhang sei noch einmal erinnert an die Verdienste der beiden Frontfrauen Alice Schwarzer (ideologische Software) und Beate Uhse (modische Ausrüstung und sexuelle Hardware). Der selbstlose und doch auch gewinnbringende Einsatz dieser Vorkämpferinnen für die Befreiung der Frau aus männlicher Zwangsherrschaft, kann nicht oft genug gewürdigt werden.

Bei diesem Kampf ging es ausschließlich um Rechte, denn für die Übernahme zusätzlicher Pflichten sind noch nie Aufmärsche und Demos veranstaltet worden.

Auch ein Grund dafür, dass Kanalarbeit, Müllabfuhr und der Kampfmittelräumdienst immer noch fest in männlichen Händen sind.

Junge Lesben werden auch liebevoll als JuLes bezeichnet.

Die größte deutsche Vertretung dieser Art ist der LSVD (Lesben- und Schwulenverband Deutschland).

Älteren Lesben fehlt im Alter oft das akzeptierende, soziale und familiäre Umfeld. In der streng normierten Welt einer Altenpflegeeinrichtung ist es schwer angenommen zu werden.

Eine betont maskulin auftretende, Testosteron lutschende Lesbe wird Butch oder KV (kesser

Vater) genannt. Femme ist der Name für eine weibliche Lesbe. Diese Bezeichnungen werden jedoch von Teilen der feministischen Bewegung abgelehnt, da sie negative patriarchale Strukturen und Machtverhältnisse stützen würden.

Mehr noch als Butches und Femmes werden Drag Kings und Transmänner von der Lesben- und Frauenbewegung kritisiert, obgleich beide Gruppen sich als Lesben betrachten.

Noch problematischer ist die Integration von Transfrauen, die als gestörte Männer eingestuft werden, welche Teil einer altväterlichen Verschwörung sind, um Frauenräume mit Männern zu besetzen. Daher stehen viele Lesbengruppen und –veranstaltungen nur „geborenen Frauen" offen.

Bei dieser Vielfalt sexueller Lebensentwürfe in der lesbischen Subkultur ist es sicher nicht leicht für sich selbst festzulegen zu welchem Geschlecht man eigentlich gehört, zumal eine einmal getroffene Wahl durchaus wieder veränderbar ist. Prominente Lesben waren:

Greta Garbo (1905-1990), Schauspielerin,
Elisabeth Flickenschildt (1905-1977),
Schauspielerin,
Barbara Hendricks (1952) SPD, Umweltministerin

Für männliche Homosexuelle hat sich der Begriff „schwul" durchgesetzt. Abwertende Bezeichnungen sind Schwuchtel oder Tunte. Sie dienen dazu die Männlichkeit des Heteros von alternativen Männlichkeitskonzepten abzugrenzen.

Schwule haben, ähnlich wie Lesben, zunehmend das Bedürfnis mit Kindern in einer Familie zu leben. Der LSVD behauptet gar, dass es mittlerweile ein bis zwei Millionen homosexuelle Eltern gibt. Diese gleichgeschlechtlichen Partner mit Kindern werden Regenbogenfamilien genannt. Die Kinder in diesen Familien stammen aus

--früheren heterosexuellen Ehen eines
  Elternteils,
--künstlicher Befruchtung oder Adoption,
--Aufnahme von Pflegekindern.

Bedenken darüber, Kinder aus gleichgeschlechtlichen Ehen könnten psychischen Fehlentwicklungen ausgesetzt sein, fegen Schwulenverbände mit der ultimativen Feststellung zur Seite, dass lesbische Mütter und schwule Väter gleichermaßen befähigt sind Kinder zu erziehen wie heterosexuelle Eltern.

Bisher sind keine Aufzeichnungen darüber bekannt, ob nicht schwule Eltern mehr männliche Nachkommen aufziehen als lesbische.

Glücklicherweise gibt es auch verantwortliche Schwule, denen das Überleben der Menschheit am Herzen liegt und die sich daher nicht mit der Aufzucht weiterer Exemplare dieser Spezies befassen. Diese haben sich in Guy Gruppen, Vereinen und

Verbänden zusammengeschlossen, von denen eine beispielhaft erläutert wird. Es handelt sich um die „Bear Community", die Bären-Gemeinschaft.

Homo- oder bisexuelle erwachsene Männer mit behaarten Körpern (insbesondere Brust-, Bauch- und Schambehaarung) sowie ausgeprägtem Barthaar, beherrschen die Szene. Zum Teil sind auch weibliche Butches vertreten, die stolz auf ihre Behaarung sind. Darüber hinaus gibt es eine Schnittmenge mit korpulenten Homo- bzw. Bisexuellen, den sogenannten Chubbies, was oft zu dem Irrglauben geführt hat, ein Bär würde sich allein über ein erhöhtes Körpergewicht definieren.

Terminologie:

*Admirer/Chaser: (Bewunderer/Verfolger) Männer, die sich von Bären angezogen fühlen.

*Bear run: Versammlung oder Bezirkstreffen

*Bear soup: Whirpool voll mit Bären, beschäftigt mit Gruppenschmusen und fröhlichem Herumtoben.

*Bearwich: Dreiecksbeziehung bestehend aus zwei Bären und dazwischen einem Admirer.

*Cub: (Junges) Eine jüngere Version eines Bären.

*Daddy bear: Älterer Mann der eine Papa-Sohn Beziehung zu einem Cub Chaser, Otter oder Wolf sucht.

*Goldilocks: (Goldlöckchen) Eine heterosexuelle Frau, die oft in der Gesellschaft von Bären ist. Sie wird auch fag hag = Schwulenmutti eines Bären genannt oder Bärbel bzw.Ursula (lat. ursus „Bär").

*Gobi Bear: heterosexueller, bärenfreundlicher Mann.

*Leatherbear: Bär mit einem Lederfetisch.

*Otter: Schlankere Version eines Bären mit kleinen Fettpolstern wie Liebesgriffe oder einen Ring. Jedoch nicht so mager wie ein Wolf.

*Teddy: Komplett behaarter Bär.

*Wolf: Magerer, maskuliner Schwuler, der von Bären angezogen wird.

*Woof: Gruß zwischen Bären in der Öffentlichkeit, der körperliche Anziehung ausdrückt.

Überregional bekannte Schwule sind:
Gustaf Gründgens (1899-1963) Schauspieler
Guido Schwesterwelle (1961-2016) Politiker (gelb)
Klaus Pobereit (1953) Politiker (rot)

***

Bisexualität

Bisexuelle Menschen fühlen sich sexuell zu beiden Geschlechtern hingezogen, ohne sich für eines entscheiden zu können. Freud vertrat die Ansicht, dass jeder Mensch bisexuell veranlagt ist und sich irgendwann für die Homo- oder Hetero-Fraktion entscheidet. Dies muss ihn jedoch nicht daran hindern seinen Beschluss später zu revidieren, denn beide Anlagen bleiben vorhanden, wenn auch eine nur rudimentär.

Bisexuell zu sein heißt jedoch nicht, dass man von beiden Geschlechtern gleich viel hält, oder dass man nur Beziehungen zu Dritt führt. In der Welt der Bisexuellen sind alle denkbaren Variationen vertreten.

So gibt es Frauen, die nach Beziehungen zu Männern lesbische Partnerschaften eingehen, genauso wie mit Frauen verheiratete Männer, die nebenbei Ausflüge in die schwule Welt machen. Auch schwule Männer, die in festen Beziehungen leben und gelegentlich erotische Phantasien mit Frauen ausleben können als bisexuell gelten.

Bisexuelle haben demnach doppelt so viele Möglichkeiten wie andere. Untersuchungen bestätigen denn auch, dass sie häufiger Sex haben und die Sexualität eine größere Bedeutung für sie hat als für Heteros.

Ansonsten sitzen sie jedoch zwischen allen Stühlen. Einmal verstoßen sie gegen das Monogamiegebot zum anderen gegen eine Reihe von Moralvorstellungen, die Sexualität auf die Fortpflanzung beschränkt sehen wollen. Die Heteros beladen sie mit ihren Vorurteilen gegen Schwule und Lesben, und die Homos werfen ihnen vor, sie würden sich nicht trauen komplett zum anderen Ufer zu wechseln. Am ehesten akzeptiert wird noch die Hetera, die ihre lesbischen Neigungen entdeckt. Denn es bedeutet für ihren Mann, wenn seine Angetraute schon fremd geht, dann doch lieber mit einer anderen Frau. So kann sie wenigstens nicht schwanger werden, was seine Urangst von einem Kuckuckskind zu unterdrücken hilft.

In Ermanglung wissenschaftlicher Erkenntnisse verbreiten bekennende Bisexuelle, zur Stärkung ihres Selbstwertgefühls, die Losung, dass die Wahrscheinlichkeit sich mit „Bi" zu infizieren mit dem Intelligenzquotienten steigt. Sollte die Annahme zutreffen wird dieser sexuellen Orientierung ein absehbares Ende beschieden sein, denn durch die seit Jahren exponentiell anwachsende Verdummung der Menschen wird es bald niemanden mehr geben, der derartigen Ansprüchen gerecht werden kann.

Bekannte „Bi"-Repräsentanten sind:

Lady GaGa, amerikanische Schlagersängerin
Wolfgang Joop, deutscher Modeschöpfer

Poly- und Pansexualität

Während Bisexuelle sich nur zu zwei Geschlechtern hingezogen fühlen, vereinigen sich Polysexuelle mit mehreren Geschlechtergruppen und Geschlechtsidentitäten, jedoch nicht zwingend mit allen.

Dies bleibt den Pansexuellen vorbehalten, die bei der Suche nach einem Sexualpartner keinerlei Vorauswahl nach dem Geschlecht treffen. Sie überwinden jede Geschlechterschranke und beziehen außer Männer und Frauen, auch Trans- und Intersexuelle mit ein.

Als Bewegung wendet sich der Pansexualismus gegen das vereinfachte binäre Geschlechterverständnis, da er den Menschen losgelöst von diesen Einschränkungen, in und für sich betrachtet.

***

Transsexualität/Transidentität

Häufig schon vor, spätestens aber bei der Geburt erfolgt die Geschlechtszuweisung, nachdem Hebamme, Arzt oder Ärztin mit einem Blick auf die Vulva oder den Penis des Neuankömmlings festgestellt haben ob es sich um einen Jungen oder ein Mädchen handelt. Dieses Urteil ist einmalig, endgültig und unwiderruflich.

Nun gibt es aber Menschen, die sich falsch beurteilt fühlen. Das Geschlecht mit dem sie, amtlich verbrieft, zur Welt gekommen sind stimmt nämlich nicht mit ihrem gefühlten Geschlecht überein. Da ihnen dies häufig schon im vorpubertären Alter bewusst wird, nennen Experten es auch Transidentität, da dieses Phänomen nichts mit sexueller Orientierung zu tun hat. Man ahnt nichts Böses und wacht plötzlich im falschen Körper auf. Star Treck pur. Und dann auch noch diese diskriminierenden Bezeichnungen. Ist man als biologisch weiblich abgestempelt, fühlt sich aber als Mann, wird man später abwertend als „Transmann" eingestuft. Haben die Nachfolger Dr. Eisenbarths jedoch einen Penis wahrgenommen und männlich in die Geburtsurkunde geschrieben, obgleich man sich ganz anders fühlt, sieht man sich als „Transfrau" gebrandmarkt.

Da die Schule sich nicht mit Transidentitäten beschäftigt, die Lehrer wären überfordert, ist der

Leidensdruck betroffener Kinder groß. Es existiert lediglich die bundesweite Arbeitsgemeinschaft Lesben, Schwule, Bisexuelle, Trans und Inter (LSB-TI) der Lehrergewerkschaft GEW. Diese geht auch selbst an Schulen um über geschlechtliche Vielfalt zu informieren. Man versucht den Schülern zu zeigen, dass es neben Jungen und Mädchen auch Menschen mit anderen sexuellen Orientierungen und Geschlechtsidentitäten gibt. Dazu werden auch, zum Ärger der Heteros, die typischen Geschlechterrollen – starke Männer, emotionale Frauen – infrage gestellt.

Ein Beispiel dafür mit welcher unglaublichen Naivität sich auch Politiker dieser Sache annehmen, zeigt der gescheiterte Versuch der schleswig-holsteinischen Landesregierung Grundschüler über „Sexuelle Vielfalt" aufzuklären und so Vorbehalte abzubauen. Um dieses Ziel zu erreichen wurde der Bock zum Gärtner gemacht und ausgerechnet der Lesben- und Schwulenverband mit der Erstellung einer Broschüre „Echte Vielfalt unter dem Regenbogen" beauftragt. Das Ergebnis zeigte dann auch eine völlige Verschiebung der Realität. So wurde eine Familie mit Mama, Papa und Kindern als Ausnahme und Sonderfall dargestellt. Die normale Familie bestände hingegen aus zwei Männern oder zwei Frauen mit Kind beziehungsweise mehreren Transgendern mit Kind.

Erst nachdem Tausende Protestbriefe von Elternverbänden aus ganz Deutschland in Kiel eingetroffen waren, wurde die Broschüre von der roten Sozialministerin zurückgezogen.

Der von transsexuellen Menschen empfundene psychische Druck nimmt mit der Zeit zu, besonders während der Pubertät und im jungen Erwachsenenalter. Da er bei körperlich männlichen Transsexuellen größer zu sein scheint, verläuft die typische Entwicklung bei Transmännern und Transfrauen unterschiedlich:

Transmänner heiraten seltener und bekommen auch weniger Kinder. Sie entscheiden sich fast immer für geschlechtsneutrale und männliche Berufe. Häufig integrieren sie männliche Verhaltensweisen in ihren Alltag, was bei Frauen eher akzeptiert wird als weibliche Verhaltensweisen bei Männern. Transmänner die noch als Frauen leben, wirken daher oft burschikos oder emanzipiert. Sie werden in der Regel auch für lesbisch gehalten, selbst wenn sie Männer als Partner bevorzugen.

Eine chirurgische Geschlechtsumwandlung ist jedoch ausgeschlossen. Die medizinischen Maßnahmen beschränken sich auf Hormontherapien, geschlechtsangleichende Operationen oder Maßnahmen wie dauerhafte Entfernung des Bartes (Epilation) oder chirurgischer Gesichtsfeminisierung.

Seitdem es medizinisch und gesellschaftlich zunehmend leichter wird das Geschlecht zu wechseln, ergeben sich aus feministischer Sicht einige Probleme, da die sozialen und biologischen Geschlechtszuweisungen unübersichtlicher geworden sind. Wer kann heute noch eindeutig als Frau identifiziert werden? Wer sich als genderfluid (fließendes soziales Geschlecht) sieht, sicher nicht. Ebenfalls keine Transmänner, Transvestiten und Crossdresser (Träger andersgeschlechtlicher Kleidung, Transvestiten). Hinzu kommen noch die Überläuferinnen lesbischer Frauen, die früher einfach nur Butches gewesen wären, sich also männlich gebärdeten, heute jedoch Transmänner werden.

So wird zunehmend beklagt, dass man auf reinen Frauenpartys immer mehr Männer, die mit behaarter Brust, Bierbauch und rüden Manieren als Kerle auftreten. Dieser Trend zu Trans löst bei vielen Lesben erotische Trauer und feministische Wut aus, denn jeder Transmann ist eine verlorene Butch. Und der Umgang der Transmänner untereinander erinnert mehr an die schwule Subkultur als an die lesbische.

Wenn sie ein klinisch getesteter, unzweideutiger Mann sind, legen sie sich bloß nicht mit einer Lesbe an. Es sei denn sie sind dialektisch geschult, so dass sie auf Anwürfe wie … "das sind doch typische heteronormative Rollenklischees", oder … „diese negativen patriarchalen Strukturen, haben doch erst zur heterosexuellen Dominanz geführt", die passenden Antworten geben können.

Prominente Transe:
Amanda Lear (1939) franz.Sängerin, geb. als Alain Tapp

P. S.: Großen Wirbel verursachte das sogenannte „Toiletten-Gesetz" im republikanisch regierten North Carolina / USA, das alle Transsexuellen verpflichtet öffentliche Toiletten, Duschen und Umkleidekabinen entsprechend dem Geschlecht zu benutzen, das in ihrer Geburtsurkunde enthalten ist.

***

Intersexualität

Als intersexuell werden Menschen bezeichnet, die genetisch nicht eindeutig dem weiblichen oder männlichen Geschlecht zugeordnet werden können.

Dieser Begriff ist abzugrenzen von Transgender, bei denen es sich um Leute handelt, die sich mit ihrem zugewiesenen Geschlecht falsch oder unzureichend beschrieben fühlen, bzw. jede Form der Geschlechtszuweisung grundsätzlich ablehnen. Gleiches gilt für Transsexuelle, die sich einem anderen Geschlecht, als dem bei der Geburt festgestellten, zugehörig fühlen.

Die Medizin rechnet die Intersexualität zu den Sexualdifferenzierungsstörungen. Betroffene lehnen diesen Begriff ab und bezeichnen sich lieber als Hermaphroditen (gr. von Hermes und Aphrodite), Herms oder Zwitter.

In unserer christlich, patriarchalisch geprägten Gesellschaft wird jedoch immer wieder auf die Bibel verwiesen. Gott habe laut Schöpfungsgeschichte den Menschen ausschließlich als Mann und Frau geschaffen. So wurden bei Kindern mit nicht eindeutig bestimmbarem Geschlecht bereits im Neugeborenenalter genitalangleichende Operationen durchgeführt. Sie wurden genital verstümmelt, wie die Kritiker sagen.

Inzwischen argumentieren Intersexuelle, Transgender sowie einige Wissenschaftler jedoch, dass die westliche Vorstellung von zwei unterscheidbaren Geschlechtern falsch ist. Sie glauben, die Festlegung auf eines der beiden Geschlechter sei oft zweifelhaft und könne zu physischen und psychischen Beeinträchtigungen führen, denn in der Regel handele es sich bei einer Festlegung um einen durch sozialen Druck entstandenen Wunsch des Umfeldes und nicht um ein Bedürfnis der Betroffenen selbst.

Erst seit dem 1. November 2013 wurde das Personenstandsgesetz dahingehend geändert, dass auch Kinder des dritten Geschlechts in das Geburtenregister eingetragen werden können.

Nach unbestätigten Schätzungen gibt zwischen 80000 und 100000 Intersexuelle in Deutschland.

**

Autosexualität/Autoerotik

Diese Begriffe bezeichnen ganz allgemein die Verliebtheit eines Menschen in sich selbst und beziehen sich dabei vor allem auf die sexuelle Erregung und Befriedigung. Die Praktiken, die eine einzelne Person an sich selbst ausübt werden auch unter den Onanie, Ipsation und Masturbation zusammengefasst. Daneben gibt es zahlreiche vulgärsprachliche Bezeichnungen wie *wichsen, sich einen runterholen* usw.

Neben der häufigsten Form der Masturbation durch die Hand als Stimulationswerkzeug der erogenen Zonen, gibt es jedoch auch unterschiedliche Sexspielzeuge, die zur Unterstützung eingesetzt werden können. Bei diesen *Sextoys* handelt es sich um Geräte wie Vibratoren, Dildos, Lustkugeln, Butt-Plugs, Strap-ons, Peniskäfige, Penisringe, Keuschheitsgürtel, Vaginanachbildungen und vieles mehr.

Eines dieser Toys gelangte zu internationaler Berühmtheit durch eine Dissertation, die 1978 von der Technischen Universität München angenommen wurde. Der Autor beschreibt sechzehn Fälle, bei denen Verletzungen des Penis infolge von Masturbation mit Hilfe eines Staubsaugers festgestellt wurden. In allen Fällen handelte es sich dabei um das Modell „Kobold", einen Handstaubsauger der Firma Vorwerk.

Die Patienten hatten jeweils den nicht erigierten Penis in den elf Zentimeter langen Ansaugstutzen des Staubsaugers eingeführt, um sich durch den Luftstrom sexuell stimulieren zu lassen. Dabei waren sie jedoch mit dem rotierenden Ventilator des Geräts in Berührung gekommen und hatten sich multiple Riss-Quetschwunden zugezogen. Der Autor erklärt die Unfähigkeit der Betroffenen, die Gefahren dieser Masturbationspraxis zu erkennen, mit ihrem niedrigen Bildungsstand.

Nachdem Vorwerk auf das Verletzungsrisiko aufmerksam geworden war, änderte das Unternehmen die Konstruktion des Modells *Kobold,* so dass diese Verletzungen nicht mehr auftreten konnten.

Wegen des ungewöhnlichen Themas gelangte die Dissertation zu großer Bekanntheit. 1985 reichte Vorwerk eine Unterlassungsklage gegen den Chaos Computer Club ein, der auf seiner Web-Seite das Thema unter dem Titel „Onanie macht krank" aufgegriffen hatte. Die Klage wurde jedoch zurückgezogen nachdem sich die Echtheit der Fälle herausgestellt hatte. In ärztlichen Fachkreisen werden derartige Verletzungen seitdem als „Morbus Kobold" bezeichnet.

Ab 2004 wurde die Dissertation im Ersten Kölner Wohnzimmertheater rezitiert, danach ging man mit dieser Lesung, die auch als Penislesung bekannt wurde, erfolgreich auf Tournee. Im

Oktober 2011 wurde die Dissertation als Hörbuch veröffentlicht.

Der Anteil onanierender Männer beträgt etwa 94%, der von Frauen 80%, wobei die einen den Penis stimulieren, die anderen Klitoris und Vulva.

Wie alles andere Gute auch, findet onanieren seinen Ursprung in der Bibel. Onan, der Sohn Judas und einer Kanaaniterin musste per Gesetz die Witwe seines verstorbenen Bruders heiraten um dem toten Verwandten Nachkommen zu verschaffen. (Levirat) Da er aber wusste, dass der Same nicht sein Eigen sein sollte, entfernte er vor dem Erguss seinen Penis aus ihrer Vulva und ließ ihn auf die Erde fallen. Da dies dem Herrn nicht gefiel, tötete er ihn.

Unter Insidern gilt er seitdem als Erfinder des Coitus Interruptus. Die unwissende Masse hält ihn für einen Selbstbefriediger, obgleich er weder Hand an sich gelegt noch Hilfsmittel benutzt hat.

Onans Schwägerin Tamar gab jedoch nicht so schnell auf. Sie verkleidete sich als Dirne und wurde so von Juda, ihrem Schwieger- und Onans Vater geschwängert, was sie zur Ahnfrau Jesu machte.

Im 18. Und 19. Jahrhundert fanden in ganz Europa wahre Feldzüge gegen die Masturbation statt. Es wurden Unmengen sogenannter wissenschaftlicher Ausarbeitungen veröffentlicht, die die Gefahren der Masturbation beschworen und Methoden zu ihrer Verhinderung aufzeigten. Denn diese Selbstbefleckung würde die gesunde geschlechtliche Entwicklung von jungen Menschen behindern und zur Gehirnerweichung und Rückenmarkschwund führen. Auch Krebs, Wahnsinn und Lepra sollten die Folge sein. Erst als Robert Koch 1882 den Tuberkelbazillus entdeckte, behaupteten die Mediziner nicht mehr, dass Onanieren Tuberkulose hervorrufen würde.

Nachdenkliche Zeitgenossen fragen sich seitdem besorgt was ihnen jetzt wohl so alles vorgelogen wird.

Selbst der uns inzwischen vertraute Sigmund Freud erkannte die Masturbation als Ursache neurotischer Erkrankungen. Bis weit ins 20. Jahrhundert war der Glaube weit verbreitet, dass auch Akne durch Onanieren hervorgerufen würde.

Diese „Erkenntnisse" wurden besonders pädagogisch ausgewertet. Lehrer erzählten ihren Schülern Schauergeschichten über unglückliche Jungen und Mädchen, die der Masturbation verfallen waren und danach langem Siechtum und frühem Tod entgegensahen. Sinn dieser Horrorstories war es, die Jugendlichen wieder auf den Pfad der Tugend zurückzuführen. Blieben diese Bemühungen bei verstockten Schülern jedoch ohne Wirkung, wurden ihnen Fesselbänder, Gürtel oder Leibchen angelegt. Die drastischste Maßnahme war wohl die Infibulation. Man verlegte einen Metalldraht durch die Vorhaut über die Eichel.

Joachim Heinrich Campe, bedeutender Pädagoge und Verleger der deutschen Aufklärung propagierte diese Methode nachhaltig und bedauerte, dass die Infibulation *„nur bei der einen Hälfte unserer Jugend anwendbar sei".*

Selbst unser Vorzeigephilosoph Immanuel Kant sah Selbstbefriedigung als eine sittliche Verfehlung. Für ihn war der natürliche Zweck des Sexualtriebs, dem nicht zuwidergehandelt werden durfte, die Fortpflanzung. In seiner "Metaphysik der Sitten", legt er dar, dass die wollüstige Selbstschändung eine Verletzung der Pflicht des Menschen gegen sich selbst sei, weil er seine eigene Persönlichkeit aufgebe, indem er sich selbst als reines Mittel zur Befriedigung seiner Triebe gebrauche. Diese Selbstaufgabe erfordere nicht einmal Mut, sondern nur ein Nachgeben gegenüber dem Trieb, und wird deshalb von Kant als noch schlimmeres Vergehen bewertet als der Suizid.

Nach Auffassung der katholischen Kirche stellt Selbstbefriedigung als absichtliche Erregung der Geschlechtsorgane, mit dem Ziel geschlechtliche Lust hervorzurufen, eine schwere ordnungswidrige Handlung dar. Diese gehört neben Pornographie und homosexuellen Praktiken zu den Sünden, die schwer gegen die Keuschheit verstoßen.

Die Annahme, sämtliche Singles seien autosexuell veranlagt, ist unzutreffend.

Prominente Autosexuelle:
Jane Fonda (1937) amerikanische Schauspielerin, „Use it or loose it."

***

Asexualität

Hiermit wird die Abwesenheit sexueller Anziehung durch Dritte und das fehlende Verlangen nach Sex bezeichnet. Im Zuge grassierender Selbstbestimmungszwänge in sämtlichen menschlichen Gefühlssphären wird Asexualität inzwischen als neue sexuelle Orientierung anerkannt.

Man hat einfach kein Interesse an Sex, weil man libidolos ist. Wer sich dazu bekennt, muss wirklich ungeheuren Mut besitzen. Schließlich leben wir in einer Welt sexueller Revolutionen, mit Schwulen- und Lesbenbewegungen, ständiger Präsenz nackter Körper in sämtlichen Medien, permanenten Angeboten gieriger Seitensprungagenturen, Swinger-Party-Veranstaltungen und Sado-Maso-Websites. Wer in diesem Umfeld einer sexualisierten Gesellschaft erklärt kein Interesse am Geschlechtsverkehr zu haben, obgleich doch Stimulanzien wie Viagra ewige Potenz verheißen, wird nicht nur als unnormal eingestuft, sondern auch wie ein seltener Käfer beäugt und schließlich selbst vom besten Freund fallen gelassen. Denn wie sollte man auch Kontakt haben zu Menschen, die sich nicht erregen wenn sie an Cunnilingus, Fellatio, Missionarsstellung, einen schnellen Akt im Fahrstuhl oder einen Flotten Dreier im Hotelbett denken. Das ist ja fast so schlimm, als würde man lautes Desinteresse am Fußball bekunden.

Asexualität muss jedoch nicht gleichbedeutend mit totaler sexueller Abstinenz sein. Man hat durchaus Sex wenn gewichtige Gründe vorliegen, wie zum Beispiel der Wunsch nach Kindern.

Zwei weitere Begriffe beschreiben dieses Phänomen. Anaphrodisie (nach Aphrodite): medizinischer Terminus für die Trieblosigkeit. Weit bekannter ist die Frigidität (Geschlechtskälte), die vornehmlich in Bezug auf Frauen verwendet wird. Da einseitiges mangelndes sexuelles Interesse in einer Beziehung zu erheblichen Problemen führen kann, täuschen manche Frauen Lustgefühle und Orgasmen vor um nicht als frigide zu gelten.

Der Anteil der Asexuellen in unserer Gesellschaft ist nicht bekannt. Außer meiner zickigen Nachbarin kenne ich zum Beispiel niemanden.

***

Inzest

Inzest (lat. Incestus – unkeusch), früher auch Blutschande, bezeichnet den Geschlechtsverkehr zwischen eng verwandten Menschen, wie zum Beispiel die Paarung eines Elternteils mit seinem leiblichen Kind, oder die einvernehmliche sexuelle Beziehung zwischen Geschwistern.

Die Einschätzung inzestuöser Beziehungen war zwischen den Kulturen und sozialen Schichten ständigem Wandel unterworfen. So war bei den Pharaonen die Geschwisterehe weit verbreitet. Auch die alten Griechen fanden nichts Schlimmes daran. Schließlich waren Zeus und seine Gattin Hera Geschwister. Lediglich Verbindungen zwischen Eltern und Kindern galten als fluchbeladen. Man erinnere sich nur an Ödipus, der seine Mutter heiratete mit ihr vier Kinder zeugte und seinen Vater ermordete.

Wie nicht anders zu erwarten hatte sich der europäische Hochadel daran ein Beispiel genommen. Fast jede königliche oder prinzliche Ehe wurde zwischen Cousins und Cousinen geschlossen, insbesondere im Hause Habsburg.

In Deutschland ist Inzest zurzeit verboten. Aber wahrscheinlich nicht mehr allzu lange. Grünen-Politiker Hans-Christian Ströbele scheint fest entschlossen dieses Verbot aufzuheben und den Inzest zu legalisieren. Denn schließlich sei das

Grundrecht erwachsener Geschwister auf sexuelle Selbstbestimmung stärker zu gewichten, als das abstrakte Schutzgut Familie.

Eine weitere Attacke auf die Institution Familie. Wenn sie dann endlich abgeschafft ist, gibt es nur noch selbstbestimmte, sich gelegentlich paarende Individuen in einem rotgrünen Staat. Passt auf wen ihr wählt Leute.

Selbst der Deutsche Ethikrat empfahl im September 2014 mehrheitlich den Geschwisterinzest zu entkriminalisieren, obgleich gesichertes Wissen ist, dass in allen bekannten Fällen Inzest einhergeht mit der Abhängigkeit eines Partners und äußerst schwierigen Familienverhältnissen.

Inzest hat die Menschen seit jeher fasziniert. So hat dieses Thema auch Eingang gefunden in Musik, Literatur und wurde in Filmen und Fernsehproduktionen verarbeitet.

Dabei ist Inzest in einem Land wie Frankreich schon lange straffrei. Also wirklich. Viele mögen es ja gern französisch, aber das geht wohl doch etwas zu weit, oder?

***

Paraphilien

Paraphilien sind psychische Störungen, die sich als von der Norm abweichende sexuelle Fantasien, Bedürfnisse oder Verhaltensweisen äußern. Sie beziehen sich auf unbelebte Objekte und nicht einverständnisfähige Personen wie Kinder oder auf Tiere. Alle rufen Leiden oder Beeinträchtigungen bei den Betroffenen hervor. Bei extremer Ausprägung empfinden sich die Paraphilen nicht als krank, sondern halten ihre sexuellen Bedürfnisse für wichtiger als die anderer Menschen. So kommt es häufig zu Straftaten wie Vergewaltigungen, Hausfriedensbruch, Diebstahl und Leichenschändungen. Die Ursachen für Paraphilien sind bisher nicht geklärt.

Die Grenzen zum Normalen sind häufig zeit- und kulturabhängig. Oft bestehen mehrere Paraphilien gleichzeitig. Sie treten bei Männern wesentlich häufiger auf als bei Frauen.

Volkstümlicher, aber politisch unkorrekt formuliert, kann man auch sagen, er handelt sich hier um den harten Kern der Perversen, über den an dieser Stelle so ausführlich berichtet werden muss, weil fürsorgliche linke Politiker sich so vehement und nachhaltig für die sexuelle Selbstbestimmung eingesetzt haben. Die bekanntesten Paraphilien sind:

***

Fetischismus

Hierbei basiert die sexuelle Fixierung auf Sachen, die als Ersatzobjekte für einen fehlenden Partner dienen. Typische Fetische sind Kleidungsstücke wie zum Beispiel der getragene Slip einer Ehemaligen. Erfolgt die Erregung durch Leichenteile handelt es sich um Nekrophilie.

Bei transvestitischem Fetischismus wird die sexuelle Erregung allein aus dem Anziehen der Kleidung des anderen Geschlechts gewonnen. Im Gegensatz zu Transgendern ziehen Fetischisten diese Klamotten nach dem Orgasmus aber wieder aus.

Die am häufigsten anzutreffenden Fetische sind Schuhe, Strümpfe, Unterwäsche, Schürzen, Uniformen und Regenbekleidung. Bei vielen Fetischisten ist das Material des Gegenstands entscheidend. Bevorzugte Materialien sind Leder, Pelze, Wolle, Seide, Satin, Latex und Gummi.

Es können aber auch Körperteile wie Füße, Beine, Busen oder Ohren Fetische sein.

Nach den Lack- und Leder-Fetischisten sind die Fußliebhaber die größte Fetisch-Community überhaupt. Millionen von Männern sind diesem Körperteil geradezu verfallen. Dabei stehen Heteros auf Frauenfüße, Homos auf Männerfüße, ob nackt, bestrumpft oder beschuht. Sie sammeln getragene Socken oder gebrauchte Schuhe und erleben sexuelle Höhepunkte nur, wenn ihre Genitalien von Füßen stimuliert werden.

Dabei gibt es zahlreiche individuelle Variationen, die sich erheblich voneinander unterscheiden. Der Schwerpunkt kann sich auf bestimmte Bereiche des Fußes beziehen, wie Zehen oder Sohlen, auf besondere Aspekte wie Beschaffenheit oder Geruch, oder auf die Fußbekleidung, wie Socken oder Strümpfe. Einige der Podophilen mögen saubere, gepflegte Füße, andere lieber riechende oder verschmutzte.

Für BDSM Anhänger ist es erotisch, gefesselte Füße zu betrachten, zu kitzeln oder durch Bastonade zu misshandeln. Mancher hat sie auch gern im Gesicht und im Nacken oder schätzt es wenn der Partner über den Körper läuft oder sich einfach daraufstellt.

Bezieht sich der Fetischismus auf die eigenen Füße haben wir es mit einem autosexuellen Lüstling zu tun.

Fetischismus ist auch im Internet inzwischen ein florierendes Geschäftsmodell. Es werden dort nicht nur Fetische angeboten, auch die zahlreichen Porno-Clips und -Filme zeugen von steigendem Bedarf.

Dabei muss sich nun niemand Sorgen machen. Frauenfüße können auch für Normalos durchaus reizvoll sein. Selbst wenn sie nicht in High Heels stecken.

Prominente Fußfetischisten:
Bayernkönig Ludwig I: ließ von der Tänzerin Lola Montez eine Marmorskulptur ihrer Füße anfertigen
Russische Zarin Anna Keopoldowna: hielt sich 6 Fußkitzler
Quentin Tarantino: US-amerikanischer Regisseur, „The Hateful Eight"

***

Exhibitionismus

Diese Menschen erreichen ihre sexuelle Erregung durch die Zurschaustellung ihrer Genitalien, wobei sie an einem sexuellen Kontakt überhaupt kein Interesse haben. Sie werden vornehmlich stimuliert durch die Reaktionen ihrer Opfer.

Die Einsatzkleidung von Exhibitionisten ist naturgemäß von praktischen Erwägungen geprägt. Oft reicht ein langer Mantel zum Aufreißen oder eine Hose, die sich schnell runterziehen lässt. Es gab auch schon eine Präsentation in der Berliner U-Bahn, bei der ein Mann im Latex-Gewand seine Genitalien durch ein Loch im Anzug zeigte und anschließend onanierte.

Doch auch Kirchen scheinen stimulierend auf Exhibitionisten zu wirken. Ein Wiederholungstäter wurde bereits zum vierten Mal festgenommen, nachdem er sich im Dom zu Speyer während des Gottesdienstes völlig entblößt und später gestikulierend aus der Kirche schritt, wie Gott ihn geschaffen hatte.

Bestraft werden immer nur die Männer (Gefängnis bis zu einem Jahr), denn wer zeigt schon eine Frau an, die sich öffentlich zur Schau stellt? Zudem können Frauen viel leichter und gesellschaftskonformer ihre exhibitionistischen Neigungen ausleben indem sie sich in zu enge Mini-Röcke zwängen, weite Ausschnitte bevorzugen oder unter durchsichtigen Tops überhaupt keinen BH tragen. Denn was für Männer der Penis, ist für Frauen der Busen.

Im Gegensatz zu vielen anderen Ländern gelten exhibitionistische Handlungen bei uns noch als Straftat und nicht als Ordnungswidrigkeit. Daher verstößt der nicht mehr zeitgemäße Paragraph 183 StGB gegen die Gleichstellung von Mann und Frau.

Ein furchtloser Vorreiter gegen die Unterdrückung männlicher Interessen ist der ehemalige Marinesoldat Stephen Peter Gough. Er wurde in den letzten Jahren mehr als dreißigmal festgenommen, weil er sich nackt in der Öffentlichkeit zeigte, auf Straßen, Plätzen und Flughäfen. Mehr als sieben Jahre saß er im Gefängnis, stets in Einzelzellen, da er auch hinter Gittern jede Kleidung ablehnte. Jetzt hat der Europäische Gerichtshof für Menschenrechte seine Forderung auf Nacktheit in der Öffentlichkeit letztinstanzlich abgewiesen. Welch ein Schicksal.

***

Voyeurismus

Voyeure, umgangssprachlich auch Spanner, empfinden sexuelle Erregung beim Beobachten anderer, die mit sexuellen Tätigkeiten beschäftigt sind oder sich im unbekleideten Zustand befinden. Diese Lust am heimlichen Dabeisein wird in großem Maße zu kommerziellen Zwecken genutzt. Striptease, Peepshows, Pornos oder bestimmte Fernsehformate wie RTL Dschungelcamp erwirtschaften hohe Gewinne.

Spanner suchen gezielt nach Orten, an denen sich Menschen unbekümmert ausziehen. Strände, FKK-Gebiete, Umkleidekabinen, öffentliche Toiletten, Saunen oder einsichtige Fenster. Sie bedienen sich dabei der Hilfsmittel die ihnen die moderne Technik zur Verfügung stellt. Ferngläser, Webcams und Mobiltelefone mit Kamera gehören zu ihrer Ausrüstung. Dabei nimmt die Straßen-Voyeur-Fotografie immer mehr zu.

Auch im Internet sind Voyeure in sogenannten Candid-Boards tätig, wo sie u. a. Fotos austauschen.

Da die meisten Menschen voyeuristische Neigungen haben, Männer spannen deutlich häufiger als Frauen, wird diese Schaulust normal. Diesen Trend machen sich die Massenmedien immer mehr zunutze. Sie werben um Amateure, die mit Foto-Handys interessante Aufnahmen machen sollen, die später dann honoriert werden. Dies könnte nicht nur zu ungeliebter Konkurrenz für existenzbedrohte Paparazzos führen, sondern auch zu einer Totalüberwachung Prominenter durch Hunderttausende von Amateurphotographen (Handyrazzis).

***

Pädophilie

Pädophile bezeichnet das primäre sexuelle Interesse an Kindern, die noch nicht die Pubertät erreicht haben. Diese sexuelle Präferenz kann sich konzentrieren auf Jungen, Mädchen oder beide. Es gibt also homo-, hetero- und bisexuelle Pädophile.

Richtet sich das sexuelle Interesse des Pädophilen auf Kleinkinder unter drei Jahren, spricht man von Infantophilie.

Pädophilenverbände wie die „Deutsche Studien- und Arbeitsgemeinschaft Pädophilie" (DSAP) bevorzugen den Terminus Pädosexualität, da er besser zu den Begriffen Heterosexualität, Bisexualität und Homosexualität passt und somit die Gleichwertigkeit mit anderen Sexualformen betont.

Opferverbände präferieren aus anderen Gründen den gleichen Begriff, da sie den Ausdruck Pädophilie als verharmlosend empfinden, weil er gegenseitige Liebe vortäuscht wo es nur um rücksichtslosen Machtmissbrauch durch den Erwachsenen geht. Denn sexuelle Kontakte mit Erwachsenen können bei den betroffenen Kindern zu Traumatisierungen führen, die häufig ursächlich sind für langanhaltende psychische Störungen.

Pädophile nutzen Darstellungen von Kindern zur sexuellen Stimulation. Die Quellen reichen von Versandhauskatalogen bis hin zur Nutzung kinderpornografischer Medien.

Man unterscheidet eine große Bandbreite verschiedener Tätertypen die vom Inzesttäter (Familienmitglied) über Nachbarn, Pubertierende, sexuell unreife oder psychisch kranke Erwachsene bis hin zum echten Pädosexuellen reicht.

Sexueller Missbrauch wird vornehmlich der katholischen Kirche und schulischen Einrichtungen angelastet. Das trifft jedoch nur einen geringen Teil der Verbrechen sexueller Gewalt die täglich an Kindern verübt werden, weil es sich inzwischen um ein Massenphänomen handelt in einer sexuell „befreiten", und im Namen der sexuellen Freiheit und Selbstbestimmung missbrauchten Gesellschaft. Auch in Politik und Kultur hat sich die Pädophilie festgesetzt.

Es ist ein Milliardengeschäft mit dem Leiden ungezählter Jungen und Mädchen. Pädokriminelle tauschen und verkaufen Kinderpornografie im Internet. Interpol schätzt den Umsatz mit Herstellung und Handel weltweit auf 20 Milliarden Dollar.

In den 1970er Jahren bildeten sich im links-alternativen Spektrum, Gruppierungen, die nicht nur die homosexuelle Emanzipationsbewegung unterstützten, sondern auch für die Rechte von Pädophilen eintraten und eine Legalisierung pädosexueller Kontakte anstrebten. Man argumentierte doch tatsächlich damit, dass diese Kontakte für das Kindeswohl nützlich seien und das Kind ein Recht auf Sexualität hätte.

Die Grünen hoben ihre Beschlüsse zur Pädophilie formal erst auf, als sie 1993 mit Bündnis 90 fusionierten und durch das vermehrte Auftreten von Lesben und Emanzen die Pädophilen zurückgedrängt wurden.

Die Päderasten-Szene sieht diese Entwicklung natürlich sehr viel lockerer. Man hat eine Reihe von Selbstbezeichnungen eingeführt um von Gleichgesinnten besser eingeordnet werden zu können.

So steht der „Boylover" für einen homosexuell orientierten, pädophilen Mann, der „Girllover" für einen heterosexuell ausgerichteten. Um die präferierte Altersgruppe noch genauer abzugrenzen gibt es die Bezeichnungen „Littleboylover" und „Babyboylover". Gruselig, oder?

Ähnlich wie bei anderen sexuellen Orientierungen auch, gibt es Hilfsmittel, die den Lustgewinn unterstützen. Die bekanntesten sind japanische Kinderpuppen. Diese anatomisch korrekten Sexpuppen sollen nach Angaben des Herstellers Päderasten vor echtem Missbrauch bewahren.

Prominente Pädophile:
Daniel Cohn-Bendit, grüner Europa Politiker
Sebastian Edathy, ehemaliger SPD Politiker

***

BDSM

Dieses Kürzel vereint drei Hauptbereiche des Sadomasochismus und steht für:

Bondage/Disziplin = Festsetzungs- und Erziehungsspiele,

Dominanz/Submission = Dazu gehören psychische Spiele die darauf angelegt sind ein ungleiches Machtverhältnis aufzubauen, so dass sich die Spielern zu Tops und Subs entwickeln. Dies kann auf die Dauer des Spiels begrenzt sein, aber auch in den Alltag integriert werden, wodurch dann sogenannte 24/7 Beziehungen entstehen. Das heißt die Rollenverteilung zwischen Top und Sub bleibt 24 Stunden am Tag und sieben Tage die Woche aufrecht erhalten.

Sadismus/Masochismus = Dies ist der Teilbereich, der in der Öffentlichkeit am stärksten wahrgenommen wird. Das lustvolle Bereiten von Schmerzen und das gleichzeitige lustvolle Empfinden von Schmerzen. Beide Bereiche sind durchaus differenziert zu betrachten, denn ein Masochist ist nicht zwangsläufig ein unterwürfiger Sub und manche Subs genießen ihr Sklavendasein, lehnen Schmerzen aber ab. Ähnliches gilt für Tops. Einige schlagen und würgen gern, andere wollen eigentlich nur demütigen.

Die Namensgebung des Sadismus als sexuelle Erregung und Befriedigung durch Quälen und Erniedrigen anderer, wurde durch den Autor des Buches „Die 120 Tage von Sodom" Francois de Sade inspiriert. Nach dem Buch „Venus im Pelz" von Sacher-Masoch, wurde die sexuelle Erregung durch das Erleiden von Schmerzen und Erniedrigungen als Masochismus bezeichnet.

Sadomasochismus beschreibt also das Zufügen oder das lustvolle Erdulden von Schmerzen, Fesseln, Demütigungen oder anderer Qualen zur sexuellen Stimulation.

Bei einer Sonderform des Sadomasochismus wird die sexuelle Erregung mit einer Reduktion der Blutzufuhr zum Gehirn durch Strangulation erreicht. Diese Form der Stimulation kann sowohl beim Sex mit Partner(n), als auch bei der Selbstbefriedigung erfolgen.

Umgangssprachlich wird Sadomasochismus wiedergegeben durch die Buchstaben SM oder die Abkürzung „Sadomaso".

Für Ursachen und Entstehung des SM gibt es nur Theorien, die nicht bewiesen werden können. Eine behauptet, man hat Angst die Ablösung von der Mutter nicht schaffen zu können und lässt seine ambivalenten Gefühle durch Aggressionen am Sexualpartner aus. Dieser bestraft sich selbst durch Unterordnung, für negative Emotionen gegenüber der Mutter.

Das hört sich schon wieder ganz nach Sigmund an. Aber angeblich soll Freud diese Ansicht nicht vertreten haben.

Andere Theorien gehen von einer Entstehung innerhalb der analen Phase aus, in der die Verbindung von Lust und Schmerz als lustvoll erlebt wird.

Statt sich mit ihren exzentrischen Neigungen nun in stille Kämmerlein zurückzuziehen, haben Sadomasos erst einmal die „Deutsche Bundesvereinigung Sadomasochismus" gegründet, mit dem Ziel die Einstufung ihrer sexuellen Neigungen als Paraphilie zu revidieren, da sie SM diskriminiert.

Um auch echte Lust durch Schmerz, Demütigung oder Macht erleben zu können, bedient man sich vielfältiger Hilfsmittel. Neben einem ausgewählten Peitschensortiment, von der Knute bis zur Bullwhip, gibt es Rohrstöcke, Strafstühle, Strafböcke, Käfige, Pranger oder Gyn-Liegen für Klinikspiele.

Wichtig bei sexuellen Machtspielen sind die Grenzen. Zu ihrer Einhaltung werden bestimmte Safewords (Mayday, Gnade) benutzt, nach deren Nennung die Intensität der Aktivitäten zurückgefahren wird. Damit ist sichergestellt, dass ein entfesselter Sadist seinen masochistischen Partner nicht lustvoll ins Jenseits befördert. Denn die Polizei hat zwar grundsätzlich nichts gegen diese alternative Form der Sexualität einzuwenden, sie wird aber sofort tätig, wenn der strangulierte Maso das Atmen endgültig eingestellt hat; unabhängig davon ob es lustvoll und einvernehmlich war oder nicht.

Sadomasos, denen die nötigen Sex-Toys nicht zur Verfügung stehen besuchen ein Dominastudio.

Nach Ansicht der Szene haben die ständigen Bemühungen ihrer Bundesvereinigung, in Verbindung mit den Aktivitäten des SM-Magazins „Schlagzeilen" dafür gesorgt, dass SM schon lange kein Tabuthema mehr ist. Dies beweisen auch die 100 Millionen verkauften Bücher der Bestseller Trilogie „Shades of Grey" der schottischen Autorin Erika Leonhard.

Einige ausgewählte Szene-Begriffe können vielleicht das Milieu etwas näher beleuchten.

Top oder Dom (dominant) nennt man den Sado im Spiel. Weibliche Tops werden auch Domme oder Dommse genannt.

Das Gegenstück zum Top ist sein **Sub, Botton oder Submissive.** Dies ist gleichzeitig der Maso.

Switch heißen Spieler, die beide Rollen beherrschen.

Als **Vanillas** bezeichnet die Szene alle Nichtsadomasos.

Ein **Kink** ist das Fachwort für die jeweilige sexuelle Vorliebe. Wenn sie also vom frisch an der Singlebörse eroberten Traumpartner die Frage hören: „Hey Darling, was sind denn deine Kinks? Stehst du auch auf „Cock & Ball Torture?" (Genitalfolter), sollten sie Unpässlichkeit vortäuschen und das Weite suchen.

Bondage: Ist die kunstvolle Verschnürung des Partners mit Seilen, Tape oder Lederfesseln. Dies ist keine Methode für den Quickie zwischendurch. Eine gewissenhafte Fesselung nach japanischer Shibari-Art kann Stunden dauern.

Spanking: heißt seinen Partner mit Knute oder Rohrstock zu verprügeln.

Ring der O: Die O ist eine devote Frau nach dem gleichnamigen Roman von Pauline Reage. Die Ringe sind in Sexshops erhältlich. Tops tragen den Ring an der linken Hand, Subs an der rechten.

***

Sodomie/Zoophilie

Der Begriff basiert auf der biblischen Sodom-Überlieferung und war eine religiöse, christliche Bezeichnung für sündiges, widernatürliches Sexualverhalten, das nicht der Fortpflanzung in der Ehe diente. Insbesondere meinte man den Analverkehr unter Männern, als auch den Geschlechtsverkehr mit andersgläubigen Frauen.

Heute steht Sodomie für sexuelle Handlungen mit Tieren. Als wissenschaftlicher Begriff hat sich die Bezeichnung Zoophilie durchgesetzt.

Es gibt wohl kaum eine Tierart die Menschen nicht schon zur sexuellen Befriedigung gedient hat. Am häufigsten trifft es Haustiere wie Pferde, Kühe, Hunde, Katzen, Schafe, Ziegen, Hühner, Gänse und Enten. Im Altertum spielte bei Frauen oft die Schlange die Rolle des Schoßhündchens. Im alten Rom gab es Bordelle, die den Namen der Tierarten trugen, die dort zur Verfügung gestellt wurden.

Über 80% der zoophilen Kontakte entfallen heute auf Pferde und Hunde. Dabei gibt es durchaus regionale Schwerpunkte. In Italien und China vorwiegend Ziegen, Gänse und Puten verwendet, auf dem Balkan und in Indien eher Stuten und Esel.

In Deutschland war die Zoophilie jahrzehntelang straffrei. Erst anno 2013 wurde sie auf massiven Druck der Tierschutzorganisationen als Ordnungswidrigkeit, die mit einem Bußgeld geahndet werden kann, in das deutsche Tierschutzgesetz aufgenommen.

Das hat die Gegenseite naturgemäß nicht ruhen lassen. Seit Jahren bemühen sich daher zoophile Gruppierungen, allen voran die Organisation ZETA = zoophiles Engagement für Toleranz und Aufklärung, ihre sexuellen Orientierungen gesellschaftsfähig zu machen. Der größte Erfolg bestand bisher darin einen öffentlich-rechtlichen Sender für ihre Ziele einzusetzen.

Im Rahmen der ARD-Themenwoche „Toleranz" widmete ausgerechnet der Jugendradiosender des Hessischen Rundfunks 21.11.2014 eine Sendung der Zoophilie. Ein 29-jähriger Mann sprach offen über seine einvernehmlichen sexuellen Beziehungen zu Hunden, bei denen es sich um Liebeskontakte unter gleichberechtigten Partnern handele. Gleichzeitig kritisierte er das Zoophilie-Verbot in Deutschland.

Die Sendung mit dem Titel „Animal Lovers" löste einen Shitstorm aus. Wie kann Tierquälerei unter dem Deckmantel einer Liebesbeziehung im staatlichen Rundfunk ein Forum finden, wollten die meisten wissen? Wie kann Sex mit Tieren einvernehmlich sein? Wir können sie doch nicht fragen. Das war allerdings ein reichlich dümmlicher Einwand. Schließlich fragen wir sie ja auch nicht ob sie geschlachtet werden wollen.

Die ARD wies alle Anwürfe mit dem Statement zurück, lediglich Fakten über die gesellschaftliche Realität präsentiert zu haben, um zur Diskussion anzuregen.

Derartige Fehlentwicklungen lassen den Deutschen Tierschutzbund nicht ruhen. Er warnt immer häufiger vor organisierter Sodomie, die diese sexuelle Orientierung als Einnahmequelle entdeckt hat. In diesem Zusammenhang finden auch immer wieder Tierbordelle Erwähnung, wie sie in Skandinavien und den USA anzutreffen sind. Inzwischen hält man es auch hierzulande für möglich, dass private Tierhalter ihre Haustiere gebührenpflichtig zur Verfügung stellen oder Landwirte gegen Geld den Zugang zu ihren Nutztieren ermöglichen. Im Grunde nur zu verständlich bei den niedrigen Preisen für Schweinefleisch.

Selbst Tierärzte glauben inzwischen an diese Bordelle. Zoophile stehen offen zu ihren perversen Neigungen und halten sich Tiere zum Zweck des Geschlechtsverkehrs. Auch werden Tiere für solche Praktiken vermietet, schreibt der Bundesverband praktizierender Tierärzte in einer Stellungnahme. Die betroffenen Tiere erleiden oft körperliche sowie seelische Verletzungen und überleben den sexuellen Missbrauch oft nicht.

Als besonderen Service für Damen, die nicht das Glück haben in der Nähe eines Bauernhofs zu wohnen und die auch mit einem Schoßhündchen nicht so recht etwas anzufangen wissen, werden von der Porno-Industrie geschmackvolle Marken-Dildos in Form von Penissen unterschiedlicher Tierarten angeboten.

Prominente Zoophile:
Leda, griechische, vom göttlichen Schwan geschwängerte, Königstochter

***

Nekrophilie

Nekrophilie bezeichnet sexuelle Vorlieben für Leichen und Leichenteile. Obgleich es sich hier um eine eher seltene Art der Paraphilie handelt, sind verschiedene Richtungen feststellbar, die sich durch den Erhaltungszustand der Leichen unterscheiden.

Die gefährlichste Form ist zweifellos die Vorliebe für frische Leichen, da es hierbei zu Beschaffungskriminalität kommen kann. Der nekrophile Mörder befriedigt sich bis zu einem gewissen Verwesungsgrad an seinem Opfer, bevor er die Leiche entsorgt und erneut mordet.

Andere Nekrophile werden stärker von teilweise verwesten Leichen stimuliert, die sie auf Friedhöfen ausgraben. Diese Interessengruppe übt häufig Berufe aus, die ihnen die Beschaffung erleichtern, wie beispielsweise Bestatter oder Friedhofsangestellte.

Eine dritte Gruppe erlangt sexuelle Befriedigung durch Aktivitäten an bereits skelettierten Leichen oder an Leichenteilen, falls der Verwesungsprozess bereits zu weit fortgeschritten ist um den ganzen Körper zu transportieren.

Sexuelle Handlungen an Toten sind keine neuzeitlichen Formen der Lust, denn bereits die Ägypter sollen Einbalsamierungen hinausgezögert haben, um sich mit den Verstorbenen vergnügen zu können.

Heutzutage ist Leichenschändung ein Straftatbestand.

Woher diese sexuelle Prägung stammt, konnte selbst Sigmund nicht eindeutig klären. Er hielt sie für den Ausdruck eines biologisch fixierten Destruktions- oder Todestriebes.

Erstaunlicherweise existieren keinerlei Interessenvertretungen, die auf die sexuelle Selbstbestimmung pochen und gegen die ständige Diskriminierung und strafrechtliche Verfolgung Nekrophiler protestieren. Denn letztendlich wird niemand geschädigt, da Leichen nun mal nichts mehr spüren. Vielleicht verspürt man aber auch eine gewisse Scham darüber, sich im Liebesleben nicht monogam verhalten zu können, da die geringe Haltbarkeit der Sexualpartner eine ständige Promiskuität erforderlich macht.

Es gibt lediglich einige Foren im Internet, in denen sich Nekrophile austauschen und von ihren Erlebnissen berichten. Dominierendes Thema sind gegenwärtig drohende Beschaffungsengpässe, hervorgerufen durch den steigenden Anteil der Urnenbestattungen.

In der Kunst ist Nekrophilie auch nur ein Thema am Rande. In einigen Filmen, wie Alfred Hitchcocks „Vertigo", Francois Truffauts „Das grüne Zimmer" oder „The Birdman" von Mo Hayder finden Nekrophile Beachtung. Darüber hinaus gibt es noch einige Rockbands die Texte hierzu verfasst haben.

Einer der bemerkenswertesten Vertreter dieser sexuellen Orientierung war wohl ein 45-jähriger Russe aus Nischni Nowgorod, der mit 26 Frauenleichen in seiner 3-Zimmer-Wohnung ertappt wurde. Er hatte die 15-25-jährigen Frauen auf Friedhöfen ausgegraben, sie wie Puppen angezogen und in der Wohnung ausgestellt. Aufgeflogen war er erst, als seine Mutter ihm einen unerwarteten Besuch abstattete. Es liegen keine Erkenntnisse darüber vor, wie die Mutter diese Entdeckung verkraftet hat.

Prominente Nekrophile:
Jeffrey Dahmer: schwuler US-amerikanischer Serienkiller. Tötete im Zeitraum von 1978-1991 mindestens 17 junge Männer. Er wurde sexuell erregt durch die Wärme der Eingeweide seiner Opfer.

Trotz allem, lasst euch nicht verbrennen, liebe Leser, gebt den Nekros eine Chance!

***

Sonstige

Die Liste der von gesellschaftlichen Normen abweichenden sexuellen Phantasien, Bedürfnisse und Verhaltensweisen ließe sich schier endlos verlängern, was jedoch die Möglichkeiten dieser kleinen Schrift bei weitem übersteigen würde.

Es sollen jedoch diese, häufig auch noch abstoßend wirkenden, Minderheiten nicht völlig außer Acht gelassen werden, denn wer sagt uns denn, dass sie nicht eines Tages die sexuelle 5%-Hürde überspringen werden und damit auf dem Niveau von Schwulen und Lesben lägen?

Eine der aussichtsreichsten Kandidatinnen hierfür wäre die Symphorophilie. Für Nichtlateiner: Das ist die sexuelle Erregung durch das Betrachten von Unfällen und Katastrophen. Und die Chancen stehen wirklich nicht schlecht. Denn unter Führung der Öffentlich-Rechtlichen arbeitet das gesamte Medien-Milieu seit Jahren verbissen daran ihrer Kundschaft in Wort, Schrift und Bild sämtliche Kriege, Tsunamis, Havarien, Karambolagen, Tragödien und sonstige grauenerregenden Infernos und Verbrechen nahe zu bringen. Man weiß die Konsumenten wollen das. Keine Toten, schlechte Quoten, wissen Insider. So kann bereits eine Woche unter hundert Toten in der Berichterstattung, einem Intendanten den Job kosten. Zur Sollerfüllung musste man früher in die Ferne schweifen, weil diese dämlichen Erdbeben ständig im Himalaja stattfinden und da dann auch noch in Zwerg-Staaten, die kein Mensch kennt hier im Sendegebiet. Dafür erfüllte man aber die kulturelle Grundversorgung. Durch das Geschehen im Nahen Osten ist zurzeit alles etwas leichter.

Es ist daher mit großer Wahrscheinlichkeit anzunehmen, dass die Symphoros längst nicht mehr unter „Sonstige" einzustufen sind. Schließlich muss die durch Zwangsabgaben finanzierte Katastrophen-Berichterstattung, doch irgendwann Erfolge aufweisen.

Es wäre doch auch interessant zu wissen, welches der zahlreichen Geschlechter, die wir inzwischen haben, besonders dadurch angesprochen wird und welche der sexuellen Orientierungen Verkehrs- und Kriegstote besonders scharf machen. Aber dafür wird natürlich wieder kein Geld ausgegeben.

Dabei wäre das doch ein Betätigungsfeld für kleine, schrumpfende Parteien, wie zum Beispiel die inzestfreundlichen Grünen. Sie könnten an den Symphoros wachsen und hätten dazu noch den Vorteil konsumentenfinanzierter Parteienwerbung.

Eines steht jedoch fest. Die häufig bei Verkehrsunfällen anzutreffenden Gaffer sollten zukünftig, besonders von den Medien, mit mehr Respekt behandelt werden. Schließlich machen sie nur von ihrem Rechtsgut der sexuellen Selbstbestimmung Gebrauch.

Aber verzetteln wir uns nicht. Konzentrieren wir uns auf die Skizzierung weiterer sexueller Anomalien.

Acrotomophilie: sexuelle Erregung durch Umgang mit amputierten Menschen.

Apotemnophilie: sexueller Lustgewinn durch eigene Amputation.

Autassasinophilie: sexuelle Erregung durch die drohende eigene Tötung oder deren Inszenierung.

Autonepiophilie: sexuelle Vorliebe für Windeln.

Feeding: sexuelle Vorliebe für Füttern und Übergewicht.

Gerontophilie: sexuelles Interesse Jüngerer an älteren Menschen. Min. 50 Jahre Altersunterschied.

Koprophilie: sexuelle Vorliebe für Exkremente.

Symphorophilie: sexuelle Erregung durch das Betrachten von Unfällen oder Katastrophen.

Urophilie: sexuelle Vorliebe für Urin.

Vomiphilie: sexuelle Vorliebe für Erbrochenes.

***

Partnersuche & Beziehungsformate

Abhängig von der Bedürfnislage, also der Anzahl und Intensität der vorhandenen Wünsche, werden im allgemeinen Dauer und Festigkeit der zu wählenden Form bestimmt. Soll heißen, wer sich nur mal ganz schnell von einem Samenstau befreien muss, lässt nicht die Hochzeitsglocken läuten. Die Ehe ist zudem die komplizierteste Verbindungsform, weswegen sie auch zum Schluss behandelt wird.

Im Folgenden werden jetzt die bekanntesten intersexuellen Formate und die Wege zu ihnen einer kritischen Würdigung unterzogen. Doch bevor man eine Verbindung eingehen kann, welcher Art auch immer, muss man zuvor einen Partner finden. Das war noch nie leicht. Vor der Entdeckung des Internet musste man sich persönlich bemühen, seinen Bekanntenkreis überprüfen, Bibliotheken, Konzerte, Dorffeste, Tanzvergnügen oder ähnliche Institutionen und Festivitäten besuchen, bei der Nachbarin klingeln, beziehungsweise eine Kontaktanzeige im Regionalblatt platzieren.

Heutzutage werden uns diese Mühen abgenommen von Internetportalen, die uns – all inclusive sozusagen – genau das Richtige für den gewünschten Zweck liefern den wir angestrebt haben. Die Online-Dating-Branche boomt. Sie erzielte bereits

2011 einen Umsatz von über 200 Millionen Euro.
Eines dieser Portale ist die

***

Singlebörse

Hier suchen vorwiegend Singles nach Sexualpartnern. Stehen längerfristige Verbindungen im Focus, spricht man von Partnervermittlungen, die preislich natürlich auf einem weit höheren Niveau liegen. Für den Fall, dass Interessenten keine große Lust haben sich vorher noch umständlich verbal auszutauschen, sondern gleich zur Sache kommen wollen, können sie bestehende Sexpartner-Portale nutzen.

Nach einer Emnid-Studie stehen Singlebörsen inzwischen mit über sieben Millionen Besuchern an dritter Stelle bei der Partnersuche, knapp hinter Arbeitsplatz und Freundeskreis.

Die User sind jung, der lockere Kontakt und Flirt steht im Vordergrund. Man orientiert sich an Kriterien wie Alter, Wohnort und Aussehen.

Das Alter der Nutzer liegt überwiegend bei Anfang 30. Zweidrittel von ihnen sind männlich. Das Bildungsniveau kann unterschiedlicher nicht sein. Während Männer überwiegend Hauptschulabschluss haben, sind Frauen mit Abitur überrepräsentiert. Das liegt an den Schwierigkeiten die beide Gruppen bei der realen Partnerwahl außerhalb des Internets haben.

Gebildete Frauen suchen nach Partnern mit ähnlichem Bildungsabschluss. Das tun kluge Männer aber nicht. Sie bevorzugen häufig geringgebildete

Frauen, weil dadurch das Leben leichter und auch die Gefahr minimiert wird einer Feministin auf den Leim zu gehen. Daher sind geringgebildete Männer und gebildete Frauen besonders häufig in Singlebörsen anzutreffen.

Hierdurch erklärt sich auch der beklagenswerte Trend, dass sich immer öfter kluge Frauen mit dummen Männern herumplagen müssen, was sie irgendwann an ihrer sexuellen Orientierung zweifeln lässt. Sie konvertieren zur Homosexualität und verbringen ihr Leben als Lesbe mit einer gebildeten Partnerin. Wer das nicht kann wird zumindest in der Politik aktiv.

Fast sämtliche Singlebörsen basieren auf Datenbanken in die Teilnehmer ihr Profil selbst eintragen. Es geht um Angaben zu Geschlecht, Alter, Größe, sowie Fotos und Infos über Vorlieben, Beziehungsstatus und Motivationen für die Suche, aus denen sich der Interessierte ein ungefähres Bild machen kann. Da diese Eintragungen in der Regel jedoch nicht überprüft werden, wird wohl selten so heftig gelogen und betrogen wie auf diesen Fragebögen.

Besonders beim Körpergewicht gibt es die meisten Falscheintragungen, denn in unserer abendländischen Hochkultur darf man so dumm sein wie man will, unattraktiv wird man erst durch Übergewicht.

Teilnahmekosten fallen natürlich ebenfalls an. Sie schwanken, abhängig von Laufzeit und Intensität der Nutzung zwischen zehn und hundert Euro monatlich.

Wie in anderen Branchen auch gibt es seriöse bis hin zu betrügerischen Anbietern, deren teurer Premium-Mitgliedschaft man frühestens dann wieder entkommt, nachdem man mit dem gefundenen Partner Silberhochzeit gefeiert hat.

**

Partnervermittlung

Wie wir bereits wissen, werden hier keine schnellen Kontakte, sondern vornehmlich Partner für langfristige Bindungen gesucht. Die Vermittlung beginnt mit einem Persönlichkeitstest, mit dem Informationen über den Neukunden gesammelt werden. Durch ein sogenanntes „Matching" (Branchenjargon) werden dem Suchenden danach Mitglieder vorgestellt, deren Persönlichkeitsprofile hohe Übereinstimmungen aufweisen.

Da die Suche anonym verläuft, jeder erhält eine Chiffre, kann man selbst noch keinen Kontakt aufnehmen. Das ist auch nicht erwünscht, denn wirtschaftlich ist der Partner-Vermittlung ein Kunde nur nützlich, solange er noch nichts gefunden hat, Single bleibt und ihre Dienste weiter in Anspruch nimmt. So werden auch schon mal unpassende oder fingierte Kontakte vermittelt mit dem Ziel den Suchenden länger im kostenpflichtigen Abonnement zu halten.

Neuen Mitgliedern wird durch getürkte Kontaktanfragen, sogenannte „Ringer" (Fachjargon), persönliche Attraktivität vorgegaukelt, um sie in ein Abo zu locken oder zur Verlängerung eines auslaufenden Abos zu bewegen. Nach dessen Abschluss brechen die Kontakte sofort ab.

Weitere Klagen geprellter Nutzer betreffen beispielsweise Lockangebote ohne Möglichkeit der

Kontaktaufnahme, sinnlose Partnervorschläge, bei denen es sich um nicht aktive Profile oder Nichtabonnenten ohne Kontaktmöglichkeiten handelt und vieles mehr. Insbesondere niemals vergessen, vorher die AGB`s zu lesen, sonst verlängert sich bei der geringsten Terminüberschreitung das Abo um ein weiteres Jahr.

In der Praxis lassen sich Singlebörsen und Partnervermittlungen nicht voneinander trennen. Jeder macht alles. Schließlich geht es um 20 Millionen Singles von denen täglich 7 Millionen auf der Suche sind.

Bekannte Unternehmen sind: Parship, e-Darling, Zoosk, Friendscout 24, Elite Partner, die nach eigenen Angaben Mitgliederzahlen zwischen 3 und 11 Millionen aufweisen.

Eine Sonderrolle spielt vielleicht Tinder, eine kommerzielle mobile Dating-App, die ihren Nutzern das Knüpfen von Kontakten in der näheren Umgebung erleichtert. Tinder-Konten lassen sich ausschließlich mit einem Facebook-Profil erstellen. Die engere Zielgruppe umfasst Männer und Frauen zwischen 18 und 35 Jahren.

**

Fakes

Sieht man einmal von den nicht immer ganz legalen Praktiken dieser Online-Dating-Firmen ab – es gehört schließlich zu dem erklärten Ziel unternehmerischen Handelns in einer kapitalistischen Gesellschaft, sich das Geld der Kundschaft anzueignen – könnten wir von paradiesischen Zuständen sprechen. Gegen eine mäßige Gebühr wird der Wunschpartner oder die große Liebe frei Haus geliefert. Wann hat es je so etwas schon einmal gegeben?

Doch Vorsicht, kein Paradies ist ohne Schlangen! Denn nicht nur die Dating-Firmen hören es gern in der eigenen Kasse klingeln, auch gewitzte Teilnehmer beteiligen sich am Geschäft mit der liebeshungrigen Kundschaft was sich am besten bei den Partnervermittlungen realisieren lässt.

Es beginnt mit der Selbstbeschreibung in der Kontaktanzeige. Hier wird nicht nur das Körpergewicht um 20kg reduziert, sondern auch der Personenstand geschönt. Aus einem genervten Familienvater mit zickiger Gattin und verzogenen Gören kann so schon mal ein empfindsamer Single werden, der sich nach einer gefühlvollen Partnerin sehnt; zumindest für die Dauer von zwei, drei Quickies, bevor er in den Schoß seiner geliebten Familie zurückkehrt.

Da verführerisches Aussehen und anhaltende Jugend bis zum Ableben erklärte Ziele der Bewohner unseres Landes sind, was die florierenden Umsätze der Schönheitsindustrie und Chirurgie zeigen, versteht es sich fast von selbst, dass die in den Profilen verwendeten Fotos jede Aktualität vermissen lassen und eine Zeitdifferenz von bis zu zwanzig Jahren aufweisen können.

Gelegentlich werden in Kontaktanzeigen auch Existenzen dargestellt, die es überhaupt nicht gibt. Dies erschwert es den Betrogenen später ganz erheblich das Geld zurückzubekommen, das sie ihren inzwischen verschwundenen Traumpartnern geliehen haben.

Desgleichen sollte man auf Professionelle achten, die dieses Medium zur Akquise nutzen. Wer also Texte liest wie: "gelangweilte, immer geile Witwe möchte Urlaubskasse aufbessern", sollte vor einem Date ernsthaft überlegen ob er dieses Geschäftsmodell nicht auch für sich nutzen kann.

Kontaktbörsen werden heutzutage auch vermehrt als Werbeplattformen eingesetzt. Dazu werden Unmengen fiktiver weiblicher Kontaktanzeigen per Flirtmail an männliche Mitglieder geschickt. Wenn sie also als gutgläubiger Mensch die Mail erhalten, „Hallo Süßer, ich bin die Uschi und finde dich toll. Ruf doch mal an", verlassen sie nicht sofort Gattin und Geliebte, sondern denken sie daran, dass bei dieser Geschäftsidee, die nicht existente Uschi mit ihrer teuren Telefonnummer das Geld macht.

Wahrscheinlich angeregt durch die Bemühungen gewisser Politiker und Gewerkschafter, bestehende Gehalts- und Rentenunterschiede zwischen West- und Ostdeutschland auszugleichen, haben findige Damen Aktivitäten entwickelt, die diesen Ausgleich auf einem höheren, europäischen Niveau herstellen sollen. Sie etablieren sich in deutschen Kontaktbörsen und machen männliche Mitglieder zu Opfern, die von der irrigen Annahme ausgehen, Ostfrauen wären von den verheerenden Auswirkungen weiblicher Gleichstellung noch unbefleckt. Spätestens nach Durchsicht der Flirtmail „Hi Karl-Heinz, send me some money, I want to visit you" wissen sie jedoch, dass dem nicht so ist.

Aber auch Frauen sind Opfer. Besonders die über Vierzig mit den geringsten Flirtchancen. Ihnen versucht man, häufig erfolgreich, die große Liebe vorzugaukeln und danach das Ersparte aus der Tasche zu ziehen.

Romance Scam nennen Insider dieses Geschäftsmodell. Es wird hauptsächlich von organisierten Banden in Nigeria und Ghana betrieben. Die Scammer geben sich als englische oder amerikanische Singles aus und bepflastern ihre Opfer mit Liebesschwüren und romantischen Gedichten (Eichendorff, Rilke), was bei den Damen sehr gut ankommt. Irgendwann tritt dann die Krise ein.

Krankheit, Unfall, gestohlene Papiere etc. zu deren Behebung Geld benötigt wird. Und so nimmt das Verhängnis seinen Lauf, da viele der Angebeteten nur zu gern bezahlen.

Diese kulturellen Wandlungen in unserer globalisierten Gesellschaft, kreieren jedoch nicht nur neue, boomende kriminelle Geschäftsfelder, sie lassen uns auch oft mit wehmütigen Gedanken an die gute alte Zeit zurück, als wir noch einen Kaiser hatten und die Mark noch kein Euro war. So hat beispielsweise der traditionsreiche Beruf des vor Ort agierenden Heiratsschwindlers inzwischen sämtliche Zukunftsperspektiven verloren, da die weibliche Kernzielgruppe sich desillusioniert anderen Geschlechtern zugewandt hat und sich zudem die Anlässe und Locations (Ball der einsamen Herzen, was ist eigentlich aus Cafe Keese geworden?) drastisch reduziert haben.

In der Szene existieren eine Reihe von outgesourcten Verlierern der sexuellen Revolution, die von dieser rasanten Entwicklung in andere Branchen abgedrängt wurden und jetzt, nach erfolgter Umschulung versteht sich, mit dem Enkeltrick oder ähnlichem, ein klägliches Dasein fristen müssen.

**

Speed-Dating

Hierbei handelt es sich um ein etwas anderes Konzept im Geschäft mit der Einsamkeit. Organisiert von einer Agentur, treffen sich zwischen zehn und fünfzig Singles in einem Hotel. Die Teilnehmer werden nach den Merkmalen Geschlecht und Alter, unterschiedlichen Gruppen zugeordnet.

Als Geschlecht zählt nur männlich und weiblich. Die Altersklassen liegen bei 30-42 Jahre, 40-52 Jahre und 50-65 Jahre.

Eine Gruppe besteht aus fünf Pärchen, die sich zur ersten Runde an Zweiertische setzen. Nach genau sieben Minuten ertönt ein Signal, worauf beide auf Bögen ankreuzen, ob sie an weiteren Kontakten mit ihrem Gesprächspartner interessiert sind. Danach erheben sich die Männer, möglichst synchron, und wechseln zur nächsten Dame, bei der sich das „Sieben-Minuten-Ritual" wiederholt.

Nach der letzten Runde werden die Bögen von Betreuern eingesammelt und ausgewertet. Haben zwei Kandidaten ein „Ja" angekreuzt, erhalten sie am folgenden Tag die Email-Adresse oder die Telefonnummer ihres Gegenübers.

Ab diesem Zeitpunkt hört das Spiel auf und beide müssen eigenverantwortlich, ganz ohne Betreuung, privat miteinander auskommen.

Nach den Speed-Dating-Runden gibt es noch ein Cometogether mit sämtlichen Teilnehmern in der Hotelbar. Vorgeblich um auch die Singles aus anderen Altersklassen kennenzulernen. Tatsächlich wohl eher um dem Hotel noch dringend benötigte Einkünfte zu verschaffen. Denn, völlig überraschend, sorgt plötzlich ein DJ für tolle Stimmung, so dass ein jeder seine neuen Kontakte auf der Tanzfläche oder an der Bar vertiefen kann. Hier mixt der Barkeeper die besten Drinks der Stadt, sowie kosmopolitische Cocktails und saisonale Kreationen.

Das Dating kostet 29 Euro (incl. MWST) pro Person, ist also ein ausgesprochen preiswertes Vergnügen für die weiblichen Teilnehmer. Die anderen haben sicher noch einiges draufzulegen, wenn sie nicht als Pfennigfuchser abqualifiziert werden wollen. Denn im Zuge galoppierender Gleichstellunggesetzgebung ist das ursprünglich rein männliche Lager fröhlicher Schluckspechte inzwischen von zahllosen Quoten- und Quartalssäuferinnen infiltriert worden.

Es bedarf kaum einer Erwähnung, dass für Singles die nach „Chefärzten mit Niveau" oder „hübschen, einfühlsamen Blondinen" auf der Pirsch sind, jedoch unter Alkohol-Allergien leiden, alternativ Reisen in muslimische Länder, bzw. Kletter- und Kochkurse angeboten werden.

***

Sexpartner Portale, Casual Dating

Hat man dann endlich mit Hilfe einer Online-Vermittlung den Traumpartner gefunden und ist eine feste Beziehung eingegangen, wird es langsam schon wieder Zeit sich nach einer Seitensprung-Agentur umzusehen.

Der Begriff Seitensprung (Eskapade) kommt bezeichnenderweise aus dem Reitsport, und ist ein Synonym für Fremdgehen, Affäre oder Ehebruch. Seit den 1960er-Jahren fallen diese Aktivitäten strafrechtlich nicht mehr in den Bereich der Unzucht. Das war einst anders. Als noch die Auffassung vorherrschte, die Ehefrau sei der Besitz des Mannes, waren Ehebrecherinnen strengen Bestrafungen ausgesetzt, wenn sie erwischt wurden. Es ging dabei wohl weniger um die Moral, als um den Schutz der Erblinie. Denn entspränge aus dem Seitensprung der Ehefrau ein Kind – schließlich gab's früher noch keine Verhütungspillen – könnte die treulose Pflichtvergessene dies ihrem Ehemann als sein eigenes unterschieben. Welch entsetzliche Vorstellung, ahnungslos fremden Nachwuchs aufziehen zu müssen.

Selbst Löwen lehnen das ab. So tötet ein neuer Rudelführer, der seinen Vorgänger verdrängt hat häufig dessen Nachwuchs, um eigene Nachkommen zu zeugen.

Vor Jahren berichtete die Presse von einem Mann, der durch einen Vaterschaftstest erfuhr, dass jedes seiner vier Kinder einen anderen Vater hatte und keines von ihm war. Das kann schon für Missstimmung selbst in der besten Ehe sorgen. Außerdem ist es wieder einmal ein typisches Beispiel dafür, wohin sexuelle Selbstbestimmung uns führen kann.

Nach Expertenschätzungen sind etwa 10% aller ehelichen Kinder, Kuckuckskinder.

Die Mehrzahl der Ehebrecher gibt sexuelle Unzufriedenheit als Motiv für einen Seitensprung an. Frauen sehen eher die mangelnde Aufmerksamkeit ihres Partners als Auslöser fürs Fremdgehen.

Glaubt man wissenschaftlichen Erkenntnissen ist die Seitensprung-Häufigkeit regional sehr unterschiedlich.

In Russland tut's nur jeder Vierte, bis auf Moskau, da gehen über 80% aller Männer fremd. Putins Nähe wirkt wahrscheinlich aphrodisierend. Zudem wird eine Geliebte häufig als Statussymbol betrachtet, etwa so wie eine fahrergepflegte, spritschluckende Nobelkarosse.

In Italien behaupten 67% der Männer ihre Frauen zu betrügen. Forscht man weiter nach, bleiben gerade mal 25% übrig, die es wirklich tun. Typisch für diese Südländer. Große Klappe, aber nichts in der Hose.

Völlig abgeschlagen zeigen sich die USA. Lediglich 15% der Männer trauen sich, und das auch nur mit schlechtem Gewissen. Sex-Forscher halten das unter anderem für eine Folge der radikalen, Libido killenden Aktivitäten militanter Frauenverbände, durch die sich die Rolle des Mannes in der Ehe inzwischen darauf reduziert hat, die fälligen Rechnungen zu begleichen und sich danach um den Hausputz zu kümmern.

Deutschland ist auch auf diesem Sektor eine der führenden Nationen in der Welt, zumindest wenn man den Studien der Szene-Magazine Glauben schenkt. Etwa die Hälfte aller verheirateten Männer und Frauen gehen fremd. Spitzenumsätze erzielen die Service-Dienste im Wonnemonat Mai, in dem die Anfragen fünfmal so hoch sind wie im Jahresdurchschnitt.

Wie der aufmerksame Leser inzwischen weiß, wird mit Sex seit alters her viel Geld verdient. So also auch mit dem Seitensprung.

Die früher dominierenden, stationären Seitensprung-Agenturen, die per Telefon Tipps, Geheimhaltungsratschläge und Vermittlung anboten, wurden inzwischen durch das Online-Geschäft verdrängt.

Die weltweit größte Online-Agentur ist mit über 43 Millionen Mitgliedern die Firma Ashley Madison.

Da können wir hierzulande nicht mithalten. Anbieter mit Namen wie „Heiße Bumskontakte.de" erfüllen nicht die Ansprüche an Niveau und Seriosität bundesdeutscher Ehebrecher. Drei Seitensprung-Services konnten sich bisher durchsetzen.

„C-Date.de" ist nach eigenen Aussagen heute der führende deutsche Seitensprung-Treff und garantiert sinnliche Begegnungen, die glücklich machen.

Mit ähnlichen Ansprüchen agiert „Lovepoint.de". Hier wird nicht nur eine neue Sinnlichkeit versprochen, man überrascht das Klientel auch mit der frohen Kunde, neben dem Bereich „Erotisches Abenteuer" zusätzlich die Rubrik „Traumpartner" eingerichtet zu haben.

Der Dritte im Bunde ist „VictoriaMilan.de", ein Sex-Portal aus Skandinavien, das auf den deutschen Markt drängt mit dem ultimativen Aufruf: „Lebe deine Leidenschaft, finde deine Affäre!"

Bei Durchsicht der Servicekosten ist man versucht die ganze Bande wegen verbotener Preisabsprachen beim Kartellamt anzuschwärzen, so sehr gleichen sie sich. Man zahlt bei dreimonatiger Laufzeit 40 Euro/mtl. und 20 Euro/Monat für ein Jahr oder länger. Fast unnötig anzumerken, dass natürlich wieder nur die Männer löhnen und für Frauen alles gratis ist. Wo bleibt da die Gleichstellung?

Alle Seitensprung-Agenturen verbreiten darüber hinaus die das User-Gewissen beruhigende

Erkenntnis, dass ihren Dienstleistungen nichts Schlüpfriges oder Unmoralisches mehr anhaftet, da es sich um ein ganz normales, kundenorientiertes Geschäft handelt. Denn, so lautet ihr Kredo: „Fremdgehen ist heute gesellschaftliche Realität!"

Ähnlich wie in den anderen Sexportalen verdienen auch hier intelligente Kriminelle kräftig mit, da den männlichen Kunden beim Betrachten großer, schneeweißer Brüste und anderer weiblicher Körperrundungen, der Verstand nicht zur Verfügung steht.

Falls sie also in einem Portal landen, das sie nur per Kreditkarte zahlen lässt und alles auch noch über ein ihnen unbekanntes Geldinstitut abgewickelt werden soll, unterdrücken sie weiter ihre Triebe, sonst machen sie Menschen fröhlich, die sie gar nicht kennen, die aber im Ausland auf ihre Kosten Shoppen gehen. Anschließend räumen sie noch ihr Konto leer, inklusive Ausschöpfung ihres Dispos und sonstiger Überziehungsrahmen.

Ähnlich wie in der nächtlichen Fernsehwerbung trifft man auch hier wieder auf die sexbereiten Damen mit den teuren 0900-Telefonnummern. Sie werden professionell mit erotischen Phantasien vollgesülzt, so dass sie völlig vergessen den Hörer aufzulegen, bis ihnen endlich ein Licht aufgeht. Meistens ist es die Morgensonne.

Es gibt aber auch unvergessliche Erlebnisse vollendeter Glückseligkeit. Noch nie genossen sie so wunderbaren Sex mit einer derartig vollkommenen, verwandten Seele. Sie liegt immer noch neben ihnen, ein Ebenmaß an Schönheit und Hingabe. Sie schwelgen in Zukunftsplänen für zwei. Yin und Yang, Geist und Materie, nie wieder allein. Ihre Träume verlieren sich im Nirwana.

„Ich kriege immer 500 Süßer", holt sie die Engelsstimme in die Realität zurück. „Falls du klamm bist, klär das mit Egon und Heinz. Die sitzen im Nebenzimmer und sind sowieso schon sauer, weil heute so wenig gelaufen ist."

***

Natürlich werden im Netz auch die anderen sexuellen Orientierungen bestmöglich bedient. Wir wenden uns daher jetzt den Homosexuellen zu.

In diesem Milieu existieren weit über 1000 Dating-Portale, die sowohl Gays als auch Girls bedienen. Aus Gleichstellungsgründen lassen wir dieses Mal den Schwulen den Vortritt.

Das Online-Business hat auf die klassische schwule Gastro-Szene verheerende Auswirkungen gehabt. So gingen viele Schwulen-Kneipen pleite, weil sie zum Cruising (Suche nach einem Sexualpartner, die oft mit spontanem, anonymen Sex endet) nicht mehr gebraucht wurden.

Gelitten hat ebenfalls das weitere Indoor-Cruising in den Klappen (öffentliche Toilettenanlagen) von Einkaufszentren und Fitnessstudios, Gay-Kinos, Gay-Shops sowie an Orten welche Möglichkeiten eröffnen die Genitalien zu entblößen wie Bäder und Saunen.

Rückläufigen Besuch verzeichnen auch die Outdoor Cruising-Zonen in frequentierten Parkanlagen, Touristenzentren, Gassen und Plätzen wie zum Beispiel den Picadilly, wo auch viele männliche Prostituierte anzutreffen sind.

Vor noch nicht allzu langer Zeit wurde vorzugsweise dort gecruist, wo es auch die Möglichkeit gab im Bedarfsfall die Flucht zu ergreifen, denn als die Gesellschaft noch nicht so tolerant und liberal war, fürchtete man homophobe Prügelattacken durch Polizisten in Zivil, heterosexuelle Männer und Jugendliche, die sich aus diesem „Schwulenklatschen" einen Spaß machten. Ältere Leser werden sich bestimmt noch schmunzelnd daran erinnern.

Nahezu unberührt von diesen Veränderungen durch die virtuelle Welt ist jedoch die Cruising-Location schlechthin, die Schwulen-Sauna. Dies ist der Ort für erwachsene Schwule an dem sexuelle Kontakte akzeptiert und erwünscht sind. Neben den üblichen Wellness-Angeboten und der Gastronomie gibt es verwinkelte, abgedunkelte Bereiche und sogenannte „Darkrooms" in denen die Interessenten cruisen.

In Deutschland wurden diese Saunen erst nach der Legalisierung der Homosexualität 1969 eröffnet. Heute gibt es sie nicht nur überall, sie haben sich auch zum „Europäischen Gay-Saunabund" zusammengeschlossen.

Da jedoch nicht alle Schwule gleiche Wünsche haben, werden regelmäßig sogenannte „Themenabende" veranstaltet wie zum Beispiel für jüngere Gäste oder für Bären, das sind die etwas Älteren, behaarten, wie sie wissen. Ähnliches gibt es auch für besondere sexuelle Vorlieben wie Natursekt, Fetisch, Fisting* oder Safer-Sex-Wichsparties. Gelegentlich werden auch Bi-Tage veranstaltet zu denen die Damenwelt Zugang hat.

*Fisting oder auch Faustverkehr, bedeutet - dies nur für Leser, denen Saunieren zuwider ist – eine sexuelle Praxis, bei der mehrere Finger bis hin zu einer oder mehreren Händen in die Vagina oder den Anus eingeführt werden.

Mal ganz ehrlich Leute, wer möchte da nicht gern dabei sein?

Ein bekanntes Dating-Portal für Homos ist „Planet Romeo. Com.", eine Commmunity für Schwule, Bisexuelle und Transgender, die sich zu Europas beliebtester Kontaktanzeigen-Börse entwickelt hat. Von den Usern wird sie nur „Die blauen Seiten" genannt. Das Portal lässt sich kostenlos nutzen. Eine Plus-Mitgliedschaft kostet lediglich 6,90 Euro im Monat.

Die „Gay-Parship.de" nennt sich das schwul-lesbische Original. Ähnlich wie bei den Heteros geht es hier weniger um Fun, als um feste Beziehungen. Die Preise sind entsprechend. 40 Euro monatlich, bei 6monatiger Laufzeit.

Eine weitere Börse heißt „GayRoyal.com" für den Mann von nebenan. In erster Linie werden deutsche Schwule angesprochen. Bei einer XL-Mitgliedschaft können unbegrenzt Porno-Videos heruntergeladen werden.

Auch bei einer anderen Entwicklung war die Gay-Szene wieder einmal führend, dem Mobile Dating. Inzwischen sind mobile Dienste unverzichtbar geworden, denn mehr als 60% der Kontakte mit Gay-Dating-Services erfolgen heute über Smartphones.

Die größte Lesben-Community in Deutschland ist „Lesarion.de" mit über 260.000 Mitgliedern ab 16 Jahre. Dabei wird das Forum von vielen genutzt um sich auszutauschen. Über unterschiedliche Groups bilden Mitglieder virtuelle Gemeinschaften.

Auch die meisten anderen sexuellen Orientierungen sind seit langem vernetzt. Wie beispielsweise durch die „Fetisch.de", „SMCommunity.de" oder die Cougar-Dating-Portale wie „Cougar Life. com" in denen reife Frauen, sogenannte Milfs, junge Spielgefährten suchen.

Da viele Menschen jedoch nicht nur irgendein hübsches Gesicht mit ähnlichen sexuellen Neigungen neben sich in der Koje wünschen, sondern auch andere eigene Merkmale im Partner wiederfinden wollen, komplettieren Single-Börsen das Angebot, die sich auf körperliche und seelische Eigenarten spezialisiert haben. So gibt es Single-Börsen für:

-- Alleinerziehende,
-- dicke, dünne, große oder kleine Singles,
-- behinderte oder kranke Singles,
-- Ältere,
-- bestimmte Religionen und
   Glaubensrichtungen,
-- alternative und esoterische Singles,
-- regionale Vorlieben, Osteuropa, Asien etc.

Da in der sexuellen Landschaft jedoch kein Feld unbestellt bleibt, gibt es auch Angebote für Menschen die sich zum Sex mit niemandem treffen wollen. Sie leben ihre Phantasien lieber zuhause aus, ohne dabei aber völlig allein zu sein. Dazu bieten sich textbasierte Sexchats und Livecams an, so etwas wie Skypen in splitterfasernackt. Für diese virtuelle sexuelle Verfahrensweise hat sich bei verheirateten oder sonst wie gebundenen Mitgliedern der Szene inzwischen der Begriff „Chweeting" durchgesetzt. Diese Wortschöpfung setzt sich zusammen aus „cheating" für Betrug und „tweet" für twittern. Unklar für alle Beteiligten ist noch ob es sich hierbei um virtuelle Untreue oder um ein zu vernachlässigendes Kavaliersdelikt handelt.

Beliebte Adressen bei der Suche nach Sex für Stubenhocker sind „LiveJasmin.com", „Joyclub.de" du „CAMS.com".

Wem das alles auch noch zu aufwendig ist, der zieht sich einfach einige Pornos rein.

Es ist doch immer wieder interessant zu beobachten, in wie viele kleine Segmente sich auch dieser große Markt der sexuellen Bedürfnisse aufteilt. Obgleich es sich doch zweifelsohne um einen menschlichen Urtrieb handelt, reduziert sich der Verkehr spürbar, wenn nicht die gewünschten Orientierungen angeboten werden. Es ist fast wie beim ausufernden Fleischkonsum. Ein Moslem isst kein Schwein und ein Hindu keine Kuh. Ein Christ verzehrt jede Art von Fleisch, bis auf die eigene und niemals Freitags. Einem Nekrophilen läuft beim Anblick einer noch frischblutenden Leiche das Wasser im Mund zusammen, ähnlich wie einer langjährigen Knastologin bei der gleichen Sicht auf eine unzerteilte Currywurst. Dadurch wird wieder einmal deutlich, dass völlig unterschiedliche Erlebnisse, ähnlich positive Empfindungen auslösen können.

Wozu also das ständige Streben nach Gleichmacherei und Integration? Das schaffen wir noch nicht einmal selbst in unserem staatlich sanktionierten

Sexualleben. Wenn wir neuen Zuwanderern bei-
bringen, dass in unserem Rechtsstaat alles verboten ist was nicht ausdrücklich durch Gesetze
legitimiert ist, kann doch nichts mehr passieren.
Schließlich leben wir alle in einer überreglemen-
tierten Gesellschaft, die trotzdem den Anspruch
erhebt frei zu sein.

Lasst also die Muslime auf den Knien rutschen,
ihre Hintern zum Himmel erheben und ihre Kno-
blauch-Hammel in sich hineinstopfen. Das wirkt
sich höchstens störend in Öffentlichen Verkehrsmitteln und Swinger-Clubs aus. Sie tun aber auch
viel Gutes. Funktionieren leer stehende Kirchen in
florierende Moscheen um und verzögern allein
durch ihre Präsenz die totale Gleichstellung deutscher Männer und Frauen.

Also ehrlich, wer hat nicht schon einmal von
Saudi Arabien geträumt, wo man noch ein Mann
sein kann und der Straßenverkehr, in Ermanglung
emanzipierter und von der Straßenverkehrsord-
nung unbeleckter Fahrerinnen, auch viel sicherer
ist. Doch schweifen wir nicht ab, zurück zum Thema.

Denn trotz der Dominanz der Portale ist es nun
durchaus nicht so, dass PC-unkundige Berufsgrup-
pen wie Lehrer, Polizisten und Standesbeamte
sich einsam und allein in ihren Zimmern verkrie-
chen müssten, um zölibatär, zur Autosexualität gezwungen, greinend auf ihren persönlichen Freitag

zu warten. Mitnichten. Unsere liberale Gesellschaft bietet auch ihnen Sex-Betätigungs-Chancen.

Und das ist auch gut so. Schließlich hat nicht jeder Lust sich erst einen PC zu kaufen, wenn er mal koitieren möchte. Für dieses Klientel, die sogenannte Laufkundschaft, plagen sich auch die rund 400.000 Prostituierten oder Sexarbeiterinnen, wie sie heute heißen, täglich und nächtlich in unserem Lande ab.

Aus der Vielfalt der Möglichkeiten sich bezahlten Sex zu beschaffen, sollen hier die klassischen Varianten des Bordells näher beleuchtet werden.

**

Bordelle

Bordelle gab's eigentlich schon immer. Der volks-
tümliche Begriff Puff leitet sich von dem Brettspiel
ab, das sich nur wenig vom heutigen Backgammon
unterscheidet, und im Mittelalter in Gasthäusern
gespielt wurde, in denen Huren auf Freier warteten.
Das bekannteste Bordell der Antike ist heute wohl
das Lupanar des Africanus, das in Pompeji aus der
Vulkanasche ausgegraben und renoviert wurde.

Doch auch beim Militär wurden Wehrmachts-
bordelle mit zwangsrekrutierten Frauen für Mann-
schaften und Offiziere betrieben.

Die Prostitution ging immer durch alle Bevöl-
kerungsschichten, vom Luxusbordell bis zum
Straßenstrich.

In so einem Bordell, Freudenhaus oder Etablis-
sement, werden heute von Frauen, Männern und
Transsexuellen die unterschiedlichsten sexuellen
Dienstleistungen angeboten. Ein Bordell, in dem
sowohl Freier als auch Prostituierte männlich sind,
nennt man „House of Boys".

Es existieren sehr unterschiedliche Bordell-Vari-
anten, wie etwa Eros-Center, Laufhäuser, FKK-Clubs,
Bordellstraßen, Model-Wohnungen, Lovemobiles,
Massagesalons, Domina-Studios, Escort-Services,
Nachtclubs, Partytreffs und Straßenstrich.

Obgleich die Dienstleistungen nicht neu sind,
schließlich handelt es sich um das älteste Gewerbe

der Welt, werden ständig neue Vermarktungsmodelle erprobt. So erregte eine Bordellkette 2009 bundesweite Aufmerksamkeit, als die Neueröffnung einer Filiale mit einer Sex-Flatrate beworben wurde. Soll heißen, nach der Entrichtung einer Gebühr konnte der Kunde in diesem Pauschalclub unbegrenzte sexuelle Services in Anspruch nehmen. Das erinnert irgendwie an die Angebote gewisser Gaststätten, die gegen einen bestimmten Preis, Hühnerbeine-Satt oder Schweinehaxen-Satt versprechen.

Die vertrauteste Form dieser Etablissements dürfte wohl das klassische Bordell sein, in dem sich die Damen in einer Barlounge befinden, wo sie auf Freier warten. Zur Stimulierung der Gäste werden nicht nur überteuerte Getränke, sondern auch Shows und Striptease angeboten. Der Kunde sucht sich eine Dame aus, spendiert ihr einige Drinks und nachdem die Preisverhandlungen einvernehmlich verlaufen sind, verschwindet man gemeinsam in einem Zimmer.

Das Laufhaus verzichtet auf derartigen Schnick-Schnack. Der Freier geht durch lange Flure mit vielen Zimmern, vor denen Prostituierte auf Stühlen sitzen. Die Mädchen haben die Räume selbst vom Betreiber angemietet, und können so auch den Preis bestimmen, den sie für ihren Service verlangen.

Völlig anders dagegen ist die Atmosphäre bei einem Partytreff. Der Gast fühlt sich, als wäre er auf einer ganz normalen Party, mit Drinks und kaltem Buffet. Erst später ziehen sich einzelne Paare zurück, wobei es auch immer häufiger vorkommt, dass sich mehrere Gäste und Prostituierte gemeinsam auf einer Art Spielwiese vergnügen.

Der einzige Unterschied zu einem Swingerclub ist, dass die Frauen ihrer Tätigkeit nur gegen Bezahlung nachkommen. Der Kunde zahlt eine Pauschale für einen bestimmten Zeitraum in dem er so viele Damen beglücken kann wie er möchte. Wobei, auch das sollte nicht vergessen werden, Wunsch und Leistungsvermögen häufig weit auseinanderklaffen. Schließlich verschlingt man beim Haxen-Satt auch nicht die Mengen, die ursprünglich geplant waren.

Nach Insider Meinung ist das „Pascha" in Köln das angesehenste deutsche Bordell. Bereits häufig haben Massenmedien Reportagen über dieses riesige Laufhaus veröffentlicht, das sein Angebot inzwischen durch ein normales Bordell und einen Nachtclub komplettiert hat. Durch diese Sortimentserweiterung avancierte das Pascha auch zu einer ersten Adresse für Junggesellenabschiede und ähnlich gelagerte Veranstaltungen.

Weiblichen Gästen ist der Zutritt streng untersagt, da männliche Gäste oft Schwierigkeiten hatten Personal und Privatpersonen auseinanderzuhalten und letztere auch nichts zur Aufklärung beisteuerten. Da jedoch verstärkt der Wunsch besteht auch einmal hinter die Kulissen dieses Edelpuffs zu schauen, werden von den Betreibern gelegentlich besondere Events organisiert, zu denen auch die Damenwelt Zutritt hat. Durch diese generöse Geste kann Mutti nun endlich einmal sehen wo Vati sonst immer allein hingeht, wenn er Überstunden macht und dann völlig abgeschlafft hach Hause kommt.

Ein völlig anderes Konzept verfolgt das „Artemis" in Berlin. Es präsentiert sich als FKK- und Saunaclub und ist eines der größten Bordelle in Deutschland. Bis zu siebzig Prostituierte und sechshundert Freier finden hier gleichzeitig Platz. Die Frauen arbeiten als freiberuflich tätige Selbständige. Sie zahlen genauso wie die Gäste ein Eintrittsgeld an den Betreiber um die Einrichtungen uneingeschränkt nutzen zu können. Zusätzlich können die Prostituierten ein Zimmer anmieten um dort zu leben.

Da eifrig Werbung betrieben wird, unter anderem Bannerwerbung bei Hertha-BSC-Heimspielen, findet das „Artemis" auch bei Fußballfreunden großen Zuspruch. Nach einem Bericht der FAZ stieß der Club während der Weltmeisterschaft 2006 an den Rand seiner räumlichen Kapazitäten.

Das 2005 eröffnete „Artemis" löste nach Angaben des Bundesverbandes Erotische und Sexuelle

Dienstleistungen einen Verdrängungswettbewerb zu Lasten von über 850 Kleinbordellen und Erotik-Salons aus. Gleichzeitig wurde die „Geiz ist Geil" – Haltung beklagt, die im Gewerbe immer mehr überhandnehme. Kritisch bewerten Huren-Selbsthilfeorganisationen auch das Vorgehen städtischer Behörden gegen Prostituierte. Häufige Razzien in mehreren hundert Berliner Wohnungsbordellen hatten bei den Betroffenen den Verdacht verstärkt, sie sollten in überschaubare Großbordelle abgedrängt werden.

Gleichermaßen empört ist man über das neue Prostitutionsgesetz, das 2017 in Kraft treten soll. Hierbei handele es sich um ein Bündel diskriminierender Zwangsmaßnahmen, die weitere Kollegen und Kolleginnen in die Illegalität abdrängen würde. Man werde daher rechtliche Schritte in Erwägung ziehen, möchte aber trotz dieser Differenzen, die Damen und Herren des Bundestages als Kunden nicht verlieren.

In Deutschland gehen etwa 400.000 Prostituierte ihrem Gewerbe nach. Davon sind: 90% Frauen, 7% Männer, 3% Transsexuelle. Zwei Drittel aller Sexarbeiterinnen sind Migranten. Etwa 40.000 Prostituierte arbeiten auf der Straße. Der Anteil der Zuhälter mit Migrationshintergrund nimmt stark zu.

Quelle: Tampep 2010 (Projekt für gesundheitliche Aufklärung migrierter Sexarbeiterinnen von Amnesty for Women e.V.)

Die Straßenprostitution bedeutet das untere Ende der Fahnenstange. Das Angebot ist breit gefächert. Es gibt Drogenstrichs, Kindermeilen, Hausfrauenviertel und dann noch die Zwangsprostituierten. Frauen aus Osteuropaüberschwemmen den Markt, und da ihnen ständig die Abschiebung droht, sind sie kriminellen Schleuserbanden und brutalen Zuhältern meist hilflos ausgeliefert. Zusätzlich sind sie einem ständigen Preisverfall ausgesetzt. Für schlappe 15 Euro bekommt ein Freier auf dem Drogenstrich einen Blowjob, wenn nicht sogar mehr. So um die 25 Euro zahlt er für normalen Sex im Auto mit Kondom. Für Sex ohne Kondom muss er knapp das Doppelte hinblättern

Da die Straßenprostitution Kriminelle anlockt, möchten die meisten Städte sie verbieten oder verlagern. So müssen die Frauen in dunklen Ecken anschaffen gehen, weit entfernt von den sicheren Augen der Polizei und des Ordnungsamtes.

Inzwischen beginnen sich vom Ordnungsamt kontrollierte Straßenstrichs mit Verrichtungsboxen und Notknöpfen durchzusetzen. Sie scheinen sich zu bewähren, denn die Freier bleiben anonym, die Anwohner werden nicht gestört und die Huren sind einigermaßen sicher.

Das klingt schon fast nach heiler Welt, wie eine romantische Geschichte aus dem Rotlichtmilieu von St. Pauli. Doch die Realität sieht immer noch anders aus.

EHE

(althochdeutsch für: Recht, Gesetz)
Geheiratet wurde eigentlich schon immer. Nur waren die Gründe, warum man sich zu diesem Schritt entschloss oder dazu getrieben wurde, früher andere als heute.

Es fehlte der Ehe im Mittelalter die Idee der romantischen Liebe und der persönlichen Zuneigung. Man heiratete oder wurde verheiratet aus wirtschaftlichen und sozialen Gründen. Besonders ausgeprägt zeigte sich dieses Verhalten beim Adel, da hier zusätzlich machtpolitische Interessen eine große Rolle spielten.

So wurde fast ausschließlich im gleichen sozialen Milieu geehelicht. Der Grundsatz der Ebenbürtigkeit verhinderte Eheschließungen zwischen Angehörigen unterschiedlicher Stände, da das Prinzip galt, dass der Beteiligte aus dem höheren Stand mit der Heirat in den niederen Stand abrutschte. Und wer wollte schon ohne Not seine Privilegien verlieren?

Der Zweck der Verbindung lag in der Zeugung legitimer Nachkommen mit der Möglichkeit, erworbenen Besitzstand problemlos weiterzugeben. Es versteht sich von selbst, dass zu dieser Zeit die Familie streng patriarchalisch organisiert war.

Die Mehrzahl der Ehen wurde von den Eltern bereits arrangiert, als die zukünftigen Brautleute sich noch im Kindesalter befanden. Jungen Mädchen wurde äußerste Sittenreinheit als Voraussetzung der Ehefähigkeit, und später als Ehefrau, unbedingte Treue abverlangt. Bei jungen Männern sah man das nicht so eng. Sie wurden vom Gesetz weitaus nachsichtiger behandelt.

Aus heutiger Sicht kam für das Brautpaar noch erschwerend hinzu, dass nach der Feier die Ehe vor mehreren Zeugen vollzogen werden musste. Diese präsentierten später der wartenden Hochzeitsgesellschaft das blutbefleckte Laken als Beweis für die Jungfräulichkeit der Braut. Wie vielen unschuldigen Hühnchen dieser Brauch wohl das Leben gekostet hat?

Obgleich Scheidungen eigentlich nicht vorgesehen waren, konnte man seinen ungeliebten Partner unter bestimmten Voraussetzungen doch wieder los werden. Als Scheidungsgründe galten Unfruchtbarkeit, Untreue und Trunksucht der Ehefrau, sowie männliche Impotenz und Verschwendung des Familienvermögens durch den Mann.

Da dies die einzigen Gründe waren, ist leicht vorstellbar wie fürchterlich auch schon damals gelogen wurde, wenn es zu Klagen vor Gericht kam.

Der Eintritt einer der Angetrauten in ein Kloster führte ebenfalls zum Ende der Ehe. Aber wer tat denn so etwas? Gegen die strengen Klosterregeln erwies sich das Patriarchat doch als liberale Freihandelszone.

So wie ein Gorillaweibchen sich immer den dominanten Silberrücken zum Partner sucht, da nur er ihr größtmögliche Sicherheit in einer gefährlichen Umwelt geben kann, so hat sich die Frau von alters her immer nach einem Mann umgesehen, der sie ausreichend versorgen konnte, und der Macht und Einfluss in der Gesellschaft besaß.

Der Mann hingegen wünschte sich eine junge und schöne Frau, die ihm reichlich Nachwuchs schenkte, der vorzugsweise von ihm gezeugt war.

Nach diesem uralten Prinzip erfolgte die Partnerwahl. Die reichsten Männer besaßen die schönsten, jungen Frauen, selbst wenn sie selbst schon älter und gebrechlich waren. Und so würde es auch heute noch funktionieren, hätten die Männer nicht so erschreckend abgebaut. Natürlich gibt es immer noch einige Reiche, die sich mit geistig unterversorgten Schönheitsköniginnen schmücken, aber die Mehrzahl der Vertreter des maskulinen Geschlechts ist beklagenswerterweise nicht mehr in der Lage allein eine Familie zu ernähren. Das heißt, satt kriegen könnten die Männer sie schon, aber den ständig steigenden Ansprüchen ist kaum noch einer gewachsen. Shopping, Entertainment, Wellness-Weekends, Beauty-Salons, Holidays, Dreamliner-Cruising müssen ebenfalls finanziert werden. Diese politisch gewollten, künstlichen Bedürfnisse trieben glückliche Mütter ins Berufsleben, Kleinkinder in die Kitas und erhöhten ganz nebenbei die dringend benötigte Binnennachfrage.

Inzwischen soll es bereits Familien geben in denen Frauen mehr Geld verdienen als ihre Männer. Die kulturellen Konsequenzen dieser schockierenden Entwicklung sind überhaupt noch nicht absehbar.

Moderne Forschungen haben ergeben, dass es einen eindeutigen Zusammenhang zwischen dem Gender-Gap-Index (GGI) und der Partnerwahl gibt. Der GGI beschreibt wie gleichberechtigt Frauen in einer Gesellschaft sind. Deutschland liegt dabei natürlich wieder ganz vorn. Kein Wunder, mit einer Frau an der Spitze. Das erschreckende Fazit: Deutsche Frauen pfeifen mehrheitlich auf traditionelle Rollenbilder und Beuteschemen. Sie legen inzwischen größeren Wert darauf, dass ihr Partner Fensterputzen und Staubsaugen kann.

Diese verhängnisvolle Fehlentwicklung wird als absolute evolutionsbiologische Katastrophe in das männliche Langzeitgedächtnis eingehen. Für ein bisschen Fun und unnötigen Schnick-Schnack lassen wir unsere Kinder fremderziehen und zwingen ahnungslosen, gutgläubigen Männern Wischlappen und Putzwedel in die bereits abgearbeiteten Hände.

***

Entscheidungsfindungen

Die widrigen, ja zunehmend ehefeindlichen Umstände, lassen die Frage nach dem „Warum" bei den Betroffenen immer drängender werden. Warum überhaupt heiraten? Etwa weil man zu bequem wird nachts auf die Piste zu gehen und etwas halbwegs Geeignetes aufzureißen? Zugegeben es ist besonders am folgenden Morgen lästig, wenn die nächtliche Beute nicht wieder verschwinden will.

Aber mit der romantischen Liebe ist es auch schnell vorbei, wenn das Geld für die neuen Schneidezähne des angetrauten Partners fehlt.

Wahrscheinlich sollte bei der Beantwortung dieser Frage mehr das Kosten-Nutzen-Verhältnis in den Vordergrund gerückt werden. Das Für und Wider, die Vor- und Nachteile. Forscher haben nämlich herausgefunden, dass eine Immobilie Eheleute enger verbindet als gemeinsame Kinder. Gefährdet man also seine noch nicht abbezahlte Eigentumswohnung? Also lieber Gütertrennung. Es sei denn, sie hat auch Besitz. Wenn man nur wüsste was man eigentlich will. Vielleicht lässt man es doch lieber. Andererseits, das Alter nagt an der Jugend und irgendwann ist der Zug abgefahren.

Also jetzt noch mal von vorn. Was ich wirklich ganz dringend brauche, ist eine billige Arbeitskraft, da meine polnische Putze immer unverschämtere Forderungen stellt. Neuerdings genügt ihr schon nicht mehr der Aldi-Wodka, es muss partout Wyborowa oder gar Zubrowka mit Büffelgras sein.

Wenn man sich nun von diesen Zwängen löste? Wen interessiert schließlich schon eine saubere Wohnung? Oder wäre es klug dieser scharfen Uschi aus der Stammkneipe, die immer so bedürftig guckt einen Heiratsantrag zu machen? Eine Professionelle ist sie schließlich nicht, obgleich sie nach zwei spendierten Drinks mit jedem ins Auto steigt.

Andererseits kann sie so anschaulich von Liebe reden, von zärtlichen Gefühlen, hemmungsloser Leidenschaft und selbstloser Hingabe. Der Wirt sagt zwar, sie sucht schon seit zwanzig Jahren nach der großen Liebe zu ihrem Traumprinzen. Er wünscht ihr aber, dass sie den niemals findet, denn dann wäre sie mit Sicherheit todunglücklich. Wahrscheinlicher ist jedoch, er hat Angst sie zu verlieren, denn so ein umsatzsteigerndes, triebgesteuertes, nach männlicher Zuneigung lechzendes weibliches Wesen wie Uschi findet er für seine Spelunke nie wieder.

Daneben gab es auch noch weitere rationale Gründe, die für eine Ehe sprachen. Man übernahm Verantwortung, festigte seine Stellung in Firma und Gesellschaft und war damit nicht mehr der windige Junggeselle, der den Weibern nachlief, sondern ein seriöser Mann, dessen Worte Gewicht hatten. Vergessen durfte man auch nicht die steuerlichen Vorteile, das Kindergeld und solche Sachen. Dagegen sprach natürlich, dass man bei Nichtgefallen, die Auserwählte nicht so einfach wieder vor die Tür setzen konnte.

Für diese juristischen Probleme, die sowohl für Pro als auch für Kontra sprachen, gab es eine Liste, die ihm vor einigen Wochen beim Frühschoppen in die Hände gefallen war:

Zuerst an die mögliche Trennung denken, hieß es da. Die Auflösung einer wilden Ehe ist deutlich schneller, preiswerter und mit weniger Formalismus vollzogen.

Für Ehepartner ist Unterhalt gesetzlich vorgesehen. In einer lockeren Beziehung gibt es nur Ansprüche darauf, wenn sie vertraglich vereinbart sind.

In der Ehe kann man einen gemeinsamen Namen tragen, muss man aber nicht. Man kann auch seinen behalten oder einen Doppelnamen annehmen. So wie Sabine Leutheusser-Schnarrenberger oder Doris Schröder-Köpf. Nach vollzogener Scheidung fällt dann der kurzfristig angenommene Namensteil wieder weg.

Vergessen werden darf auch nicht der Zugewinnausgleich, den es nur bei Ehepaaren gibt, falls man ihn nicht per Vertrag ausschließt. In der Ehe ohne Trauschein hat man keinen Anspruch, wenn der andere während der Beziehung Vermögen aufbaut und man selbst nicht.

Stirbt ein Ehepartner hat der Überlebende das Recht auf einen Teil dessen Altersrente. Das gibt es nicht bei Unverheirateten. Ähnliches gilt für den Erbfall. Der Überlebende hat ein gesetzliches Erbrecht. In der wilden Ehe geht der Partner, wenn testamentarisch nichts geregelt wurde, leer aus.

Dann wurden noch Vorteile aufgeführt, die sich auf Steuervergünstigungen für Verheiratete durch das Splitting-Modell bezogen, sowie beitragsfreie Mitversicherung des Ehepartners für die Kranken- und Pflegeversicherung.

Er legte die Aufstellung beiseite, die er schon so oft gelesen hatte. Und bloß keine Katholikin fiel ihm spontan ein. Die betrachten die Ehe als unauflöslich und um als überzeugter Atheist beim Papst um Dispens zu bitten, hielt er nicht für sehr vielversprechend.

Die Entscheidung fiel schwer. Er fühlte eine unbekannte Wankelmütigkeit. Jetzt bloß keine Fehlentscheidungen treffen. Frauen waren vor dem Gesetz fast schon so gut wie gleichberechtigt. Seine Zukünftige konnte ihm also verbieten abends und am Wochenende seine Lieblingskneipe zu besuchen. Schauer liefen ihm über den Rücken. Der Schweiß tropfte ihm von der Stirn auf seine Liste. Wozu überhaupt die ganze Hektik? Sein verstorbener Vater, den er sonst nicht besonders schätzte, hatte immer die Ansicht vertreten, dass man eine Ehe, falls überhaupt, frühestens nach dem ersten

Schlaganfall eingehen sollte. Er beschloss den sofortigen Besuch seiner Kneipe um mit seinen Kumpeln weitere Gründe gegen die Ehe zu diskutieren. Wie er aus Erfahrung wusste, sah die Welt nach einigen Drinks dann immer schon wieder ganz anders aus.

***

Gattenwahl

Gehen wir einmal davon aus, dass unser fiktiver Kandidat sich für die Ehe und gegen Uschi entschieden hat. Er ist schließlich kein Kameradenschwein, und in seiner Kneipe möchte er später auch noch gern gesehen sein, wenn nach einem häuslichen Ehekrach, ein spontaner Tapetenwechsel erforderlich sein sollte.

Nun ist die erfolgreiche Suche nach einem, womöglich lebenslangen, Partner kein Zuckerschlecken und wesentlich komplexer als einen One-Night-Stand zu organisieren. Falls sie das bisher noch nicht gemacht haben, weiß ich eigentlich gar nicht so recht, wie ich ihnen dies Problem nahe bringen soll ohne überlieferte Gefühle zu verletzen. Ich versuche es mal mit einer Analogie.

Die TV-Krimi-Freunde unter ihnen, Freundinnen natürlich auch, sind bestens informiert über die beruflichen Aufgaben eines Profilers, der sich in die Gedanken und Psyche eines noch unbekannten Straftäters hineinversetzt um das Verbrechen und das Motiv der Tat zu verstehen. Hieraus entwickelt er ein Täterprofil, das er dem leitenden Kommissar übergibt, der danach den miesen Schweinehund nur noch verhaften muss, wonach das Gericht ihn wegen unzulässiger Beweismittel und erwiesener Verfahrensfehler wieder laufen lässt.

Ähnlich agiert nun ein heiratswilliger Mensch. Er ist Profiler und Kommissar in einer Person. Trotz dieser Doppelbelastung hat er es etwas leichter, da das figürliche Abbild des potentiellen Partners aufgrund des genetisch bedingten Beuteschemas bereits fest in ihm verankert ist. Seiner Hauptaufgabe ist es jetzt, die Motive des zukünftigen Lebensabschnittsbegleiters verstehen zu lernen.

Meint sie oder er es wirklich ehrlich mit mir, oder nimmt man mich nur in Kauf um an mein Erspartes zu kommen? Ist es wirklich Liebe oder geht es nur um die Aufenthaltsgenehmigung? Warum werde ich überhaupt geliebt? Was kann man bloß an mir finden? Fragen über Fragen. Bevor nicht alle zufriedenstellend beantwortet sind, Finger weg von längerfristigen Bindungsvereinbarungen!

Kehren wir noch einmal zurück zum bereits mehrfach erwähnten Beuteschema. Viele Menschen glauben genau zu wissen worauf sie stehen. Häufig sind es jedoch subtile Kleinigkeiten, die den Puls beschleunigen. Wahrscheinlich wurde man bereits in der Kindheit darauf geprägt. Womöglich hat man den Geschmack seiner Eltern übernommen. Welch entsetzliche Vorstellung.

Generell werden bestimmte Gesichtsmerkmale als besonders attraktiv empfunden. Dies führen Wissenschaftler auf die Evolution zurück, da bestimmte Gesichtsproportionen bessere

Fortpflanzungschancen zu versprechen schienen. Danach bevorzugen Frauen Männer mit ausgeprägtem Kiefer und kräftigen Augenbrauen, die durch das männliche Geschlechtshormon Testosteron geformt werden. Zumindest war das früher so, als Männer noch nicht nach ihren raumpflegerischen Fähigkeiten ausgewählt wurden.

Männern gefällt an Frauengesichtern ein schmales kurzes Kinn, sowie dezente Brauen mit leuchtenden Augen, wofür das weibliche Geschlechtshormon Östrogen verantwortlich ist.

Darüber hinaus spielen natürlich das Design der übrigen Körperteile (Busen, Po), sowie Wesen und Verhalten eine entscheidende Rolle.

Neue wissenschaftliche Forschungen haben jetzt ergeben, dass es gewisse Korrelationen zwischen Aussehen und Charakter zu geben scheint. So verbergen sich fleißige, treue und liebevolle Frauen eher hinter einem unscheinbaren Äußeren, wogegen sich ausgesprochen schöne Frauen faul, flatterhaft und streitsüchtig präsentieren.

Viele Männer schätzen Frauen die warmherzig sind, humorvoll, sensibel, anmutig, natürlich, liebevoll, selbstbewusst, einfühlsam, intelligent und verständnisvoll. Zusätzlich sollten sie aber auch bis zu einem gewissen Maße belastbar sein. Wenn sie sich beispielsweise bücken um eine leere Bierflasche vom Teppich aufzuheben und dabei einen kräftigen, aber fröhlichen Klatsch auf ihren

Hintern kriegen, sollten sie weder zurückschlagen noch sich ins Frauenhaus verabschieden.

Bedauerlicherweise wollen moderne Frauen inzwischen so sein wie Männer: durchsetzungsfähig und beruflich erfolgreich. Das macht sie jedoch kalt, hart, dominant und unweiblich. Dies schreckt entweder viele Männer ab oder es führt dazu, dass sie nicht mehr als Frauen wahrgenommen werden.

Neben diesen Faktoren sind Größe und Gewicht entscheidend für ein späteres Eheglück. Frauen müssen nun mal etwas kleiner und wesentlich leichter als ihre männlichen Partner sein. Oder könnten sie sich etwas vorstellen, dass Zhou Lulu, die chinesische Olympia-Siegerin 2012 im Schwergewichtsheben, die bei einer Größe von 1,75 Metern 135 Kilo auf die Waage bringt, also ein Prachtweib ist, mit einem 65 Kilo leichten italienischen Gigolo das gemeinsame Ehebett teilt? Der Ärmste würde schon das Vorspiel nicht überleben.

Auch an gewissen praktischen Fertigkeiten darf es manchmal nicht mangeln. Wenn etwa ein Bauer eine Frau sucht sollte die Auserwählte schon in der Lage sein das defekte große Hinterrad des Traktors eigenverantwortlich auszuwechseln, ohne ihren Liebsten aus dem Bett zu holen.

Wenn sie nun kopfschüttelnd anmerken, das sei doch wohl alles selbstverständlich und bedürfe keiner besonderen Erwähnung, dann sehen sie sich doch einmal genauer in ihrem

Bekanntenkreis um. Die Vielzahl der eigentlich nicht zusammenpassenden Paare, die den Bund fürs Leben geschlossen haben wird sie in Erstaunen versetzen. Die hat Gott bestimmt nicht zusammen geführt.

Da hängt das Muttersöhnchen an der Emanze, der Ökotyp macht mit dem einstigen Partygirl rum, der knochenharte Investment-Banker hat die Fürsorgliche geehelicht, die immer nur für andere da ist, und der naturverliebte Mountain-Biker die ewig Pollenkranke, bei der man selbst im Winter kein Fenster öffnen darf.

Zumindest ist das bei mir so. Ich bin sicher, sie werden ähnliche Erkenntnisse gewinnen.

Im Gegensatz zu Frauen verfügen Männer über völlig andere Eigenschaften.

Sie sind kräftiger – wenn man von Zhou Lulu einmal absieht – markanter und aggressiver. Sie verfügen über Mut, Risikobereitschaft, Abenteuerlust und zeichnen sich durch Selbstbeherrschung und Führungsansprüche aus. Zudem verfügen sie über technische und organisatorische Fähigkeiten, sind zielstrebig, eigensinnig und können abstrakt denken.

Nicht völlig geklärt ist bisher ob es sich tatsächlich um männliche Eigenschaften handelt oder nur um Rollenerwartungen, wie Männer gerne wären oder von Frauen gesehen werden würden. Höchstwahrscheinlich spricht einiges dafür, denn ich kenne da so einige Softies, die sonst anderen Geschlechtern zugeordnet werden müssten.

Wie auch immer. In bleibender Erinnerung an unsere stolzen Väter, die noch keine gleichstellungsgeschädigten, ständig jasagenden Weicheier waren (Ganz wie du meinst Mausi, so machen wir es), sondern als freie Männer ihr Leben eigenverantwortlich gestalteten, ist unser kleiner Kreis der „Letzten Aufrechten" stolz auf völlig andere Eigenschaften und Fähigkeiten aus denen wir unser elitäres Männlichkeitsgefühl schöpfen.

…Männer sind treu! (dem HSV und zwar über den Abstieg hinaus)

…Männer sind trinkfest!

…Männer vernaschen alles, was es nicht auf den nächsten Baum geschafft hat

…Männer pinkeln im Stehen, trotz weiblicher Anfeindungen.

…Männer meinen was sie sagen.

…Männer rasieren sich nicht die Beine und werden trotzdem angehimmelt.

…Männer werden immer schöner und inter essanter je älter sie sind. Jede zusätzliche Falte erhöht ihre Attraktivität.

…Männer sind Alpha-Tiere.

…Männer waren zuerst da.

Da die „Letzten Aufrechten" sich noch in der Gründungsphase befinden, wären wir für die Einsendung weiterer Fähigkeiten dankbar. Wir bitten nur um ernstgemeinte Zuschriften. Veralbernde Beiträge fördern nur die Absichten der Aggressoren.

Der aufmerksame Leser wird bereits fröstelnd festgestellt haben welch ungeheure Vielzahl, häufig unbeeinflussbarer Faktoren, bei der Partnerwahl eine Rolle spielen. Diese auch nur ansatzweise zu überblicken, würde eine Einzelperson völlig überfordern. So wird spontan der Ruf nach professioneller Hilfe laut. Wer nun meint, dies sei ebenfalls Ausdruck neuzeitlicher All-Inclusive-Mentalität, irrt.

Die Ehevermittlung ist gleich nach der Prostitution das zweitälteste Gewerbe der Welt und hängt auch noch heute eng mit ihr zusammen.

Bereits Abraham sandte seinen Hausknecht Eliezer als Ehevermittler nach Mesopotamien um für Isaak eine Frau zu suchen. Zu Beginn waren arrangierte Ehen rein familiäre Angelegenheiten, die insbesondere beim Adel üblich waren um Bündnisse oder Thronfolgen zu festigen und um jeden Fall zu verhindern, dass Geld und Macht in bürgerliche Hände flossen. Andererseits diente die Heiratsvermittlung auch im Bürgertum finanziellen Zwecken, denn in Ermangelung von Hartz Vier und Riester-Rente suchte man nach Partnern aus wohlhabenden Familien, damit man später, meist vergeblich, auf finanzielle Unterstützung durch Kinder und Enkel hoffen konnte.

So grasten also früher Brautwerber die regionalen Heiratsmärkte nach geeigneten Kandidaten ab. Sie wurden dafür bezahlt, übernahmen aber auch die Schmach, die im Ablehnungsfall sonst die Familien erleiden mussten.

Arrangierte Ehen gibt es heute immer noch. Besonders in asiatischen Ländern sind Eltern bemüht für ihre Kinder passende Partner zu finden. Nach Schätzungen des International Center for Research on Women finden jährlich immer noch fünfzehn Millionen Zwangsheiraten statt.

Wer keine Vermittlung wollte oder bezahlen konnte, setzte auf „zufällige" Begegnungen während aufwendiger Bälle oder eher einfacher Promenaden. Der Jungfernstieg in Hamburg an der Alster scheint so eine Flaniermeile gewesen zu sein. Allerdings wäre er heutzutage wohl verwaist, wenn dort nur noch jungfräuliches Weibervolk promenieren dürfte, da es bedauerlicherweise kaum noch weibliche Wesen über zwölf mit intaktem Hymen gibt.

Im Gegensatz zu früher treten in unseren aufgeklärten Zeiten nicht mehr die Eltern, sondern die Suchenden selbst als Interessenten auf. In der Anonymität des Internet kann man sich schließlich auch nicht mehr blamieren. Und wen beauftragen die Suchenden? Natürlich die gleichen Firmen, die sie früher mit dem Zustandekommen ihrer Sex-Dates beauftragt hatten: Parship, Elite Partner, eDarling und Co.

So ist ihnen das Procedere also bekannt. Sie zahlen ihre Gebühren, geben ihre Daten ein und sehen wahrscheinlich viele vertraute Gesichter. Irgendwie unwirklich.

Nun kann man sich natürlich auch ein positives Szenario vorstellen. Die Pirsch war erfolgreich. Der potentielle Partner für dauerhafte, womöglich ewige Liebe übertrifft die kühnsten Erwartungen, und zwar physisch (Größe, Gewicht, Figur, alles stimmig, dazu kerngesund, potent und aidsfrei), charakterlich (sauber, warmherzig, vermögend, keine Vorstrafen) und mental (sozial kompetent, einfühl- und folgsam, unsterblich verliebt).

Erstaunlicherweise sind auch noch die sexuellen Orientierungen kompatibel, da Hetero auf Hetera trifft. Dazu gibt es keinerlei Altlasten in Form von Zahlungsverpflichtungen oder nervigen Abkömmlingen aus früheren ehelichen oder sonstigen Verbindungen.

Das Glück ist einfach vollkommen. Spätestens jetzt sollte selbst ein nur durchschnittlich intelligenter Mensch von Argwohn und Misstrauen heimgesucht werden, da so ein Glückstreffer, rein statistisch betrachtet, wesentlich seltener als ein Sechser im Lotto auftritt. Wieso gerade ich, sollte man sich fragen? Noch nie habe ich irgendwo und irgendwann im Leben etwas gewonnen. Das kann doch nur ein mieser Trick sein. Wo ist der Haken an der Sache? Aber schön ist es doch. Genießen wir es also, solange es anhält.

Durch diese Haltung geraten, wie sich im Leben immer wieder zeigt, die Hormone in Wallung und der Verstand nimmt eine Auszeit.

Sollten sie ebenfalls zu diesen Genuss-Freaks gehören und trotzdem ohne größere seelische Katastrophen durchs Leben kommen wollen, ketten sie sich niemals an eine Person die sie bedingungsloser lieben, als sie selbst geliebt werden. Die Chancen für lebensbedrohliche Trennungsschmerzen liegen bei über fünfzig Prozent. Empfehlenswerter ist es, das Leben etwas gefühlsärmer an der Seite eines Partners zu verbringen, dessen Verschwinden allenfalls eine gewisse Leere oder sogar Erleichterung zurück lässt.

Wie zu vermuten war, haben sie sich für die vorbehaltslose Liebe entschieden. Man gönnt sich ja schließlich auch sonst nichts. In Ermangelung geeigneter Ratgeber – Uschi und die Kneipenkumpel sind ihnen schon seit Tagen nicht mehr zu Gesicht gekommen – treffen sie jetzt die erste einer nicht enden werdenden Reihe von Fehlentscheidungen.

Sie beschließen, trotz nächtlicher Alpträume und durchschwitztem Unterhemd ihre angebetete Traumfrau heute noch zu fragen, ob sie sich mit ihnen verloben will.

Verlobung

In ihnen sträubt sich alles. Sie hören ihren verstorbenen Vater mit seinen Anti-Ehe-Sprüchen und sehen ihre sorglose Jugend an sich vorüberziehen. Was wird nun aus Uschi und den Saufkumpanen? Wie reagieren seine Kumpel vom HSV-Fan-Club „Rauten-Ultras"? Was wird aus den Auswärtsspielen? Konnte er noch mit wenn es nach Dortmund ging? Musste er sich etwa auch neue Klamotten kaufen und regelmäßig duschen? Frauen stehen auf so was. Bevorzugte sie eigentlich Schonkost oder war gar Veganerin? Na, er würde sich jedenfalls weiter von Burgern ernähren, das stand schon mal fest.

Es gab noch so viele unbeantwortete Fragen. Vielleicht sollte er es doch lieber lassen? Oder? Wer nichts wagt, der kriegt kein Kind, hatte seine Oma immer gesagt. Also was sind Männer? Alphatiere! Er reckte sich. Also greif ich mir die Braut.

Dabei wären Schweißausbrüche zu diesem frühen Zeitpunkt festerer Bindungsaktivitäten noch gar nicht nötig gewesen. Die Verlobung ist zwar ein Versprechen, das sich zwei Personen – unterschiedlichen oder gleichen Geschlechts - geben, in Zukunft eine Ehe oder Lebenspartnerschaft einzugehen. In Deutschland ist dieses Versprechen aber nicht einklagbar. Es ist also immer noch möglich den Kopf wieder aus der Schlinge zu ziehen. Man muss lediglich den Schaden ersetzen, der der anderen Seite entstanden ist, aber auch nur dann, wenn man ohne triftigen Grund vom Verlöbnis zurücktritt. Einer dieser triftigen Gründe ist Untreue. Dies führt einem wieder mal vor Augen, dass die Gesetze vor langer Zeit gemacht wurden. Heute sind Seitensprünge gesellschaftliche Realität im Rahmen der sexuellen Selbstbestimmung, wie wir inzwischen wissen.

Dem gegenüber stehen aber auch Vorteile, die speziell für gerichtsnotorische Kleinkriminelle unter den Lesern von Bedeutung sein können. Denn Verlobte gelten als verwandt und müssen vor Gericht nicht gegeneinander aussagen, da sie ein Zeugnisverweigerungsrecht besitzen. Wirklich nützlich zu wissen.

Die Verlobung bedeutete traditionellerweise, dass man sich innerhalb eines Jahres vor dem Traualtar oder dem Standesbeamten sehen ließ. Wurde dieser Termin, zum Beispiel durch den Bräutigam in spe, wiederholt hinausgezögert, setzten ihn die zukünftigen Schwiegereltern mächtig unter Druck und zusätzlich musste er sich mit einer ständig heulenden Verlobten abplagen. Zurzeit wird diese Terminsituation nicht mehr so eng gesehen. Es gibt Verlöbnisse, die mehrere Jahre andauern. Ähnliches gilt auch für den Akt der Verlobung selbst. Wurde sie früher noch mit einer größeren Familienfeier zelebriert, bei der auch visionäre Reden geschwungen wurden, die sich schnell wieder in Rauch auflösten wenn die Verlobung geplatzt war, so spart man sich diese Ansprachen jetzt für die Hochzeit auf.

Heutzutage genügt eine SMS an alle Interessierten mit der lapidaren Mitteilung: „Haben uns verlobt."

Wer trotzdem an eine üppige Feier denkt, um etwa zu überprüfen was sich von der neuen Verwandtschaft so an Geschenken abgreifen lässt, legt die Organisation hierfür natürlich in professionelle Hände, die sich ihm im Netz von allen Seiten entgegenstrecken.

Die guten Sitten erforderten es einst, dass der Mann der Frau einen Antrag machte. In diesen unwirtlichen Zeiten der Gleichstellung häufen sich jedoch die kaum glaublichen Berichte, dass Frauen auch in diese einstige Domäne des Mannes eingedrungen sind. Bisher ist überhaupt noch nicht abschätzbar, wie sich diese besorgniserregende Entwicklung auf das Leben zukünftiger Generationen auswirken wird.

Für männliche Verlobungsaspiranten, die des Fabulierens nicht so mächtig sind, keine große Lust haben in der Stadt nach geeigneten Restaurants zu suchen und im Übrigen die ganze Angelegenheit gern zügig hinter sich gebracht hätten, um sich wieder voll auf das Sky-Sportprogramm konzentrieren zu können, bieten sich

Full-Service-Dienstleister an, die aber auch wirklich alles für sie erledigen. Ich nenne ihnen mal einige inhaltliche Beispiele.

Es beginnt mit der nicht ganz unwichtigen Frage: Wie formuliere ich den Verlobungsantrag? Als vielversprechender Lösungsvorschlag wird empfohlen: „Möchtest du mich heiraten?" Das ist nun echt nicht sehr originell, finden sie nicht auch? Natürlich will sie. Sie wollen immer! Da hatte selbst Uschi, die schon sieben Mal verlobt war, etwas besseren zu bieten. Einer ihrer Freier hatte sie mal gefragt: „Wollen wir unsere Sachen nicht zusammenschmeißen?" Sie hatte noch gezögert, bis sie hörte, dass er ein Penner war, der nur eine billige Bleibe suchte.

Weiter geht's mit der Frage: Wann mache ich den Antrag? Empfohlen werden: „Valentinstag, Ostern, Weihnachten." Also wirklich, da feiert man doch sowieso schon. Dann doch lieber trübe Tage aufhellen, wie Buß- und Bettag oder andere traurige Anlässe im November.

Wo mache ich den Antrag, scheint ein weiteres Problem zu sein? „In der romantischen Atmosphäre ihres Lieblingsrestaurants" schlägt der Dienstleister vor. Das ist ja nun völlig daneben. Woher soll man das denn kennen? Und selbst wenn, wie soll das praktisch ablaufen? Man turnt sich in so einem Nobelschuppen für teures Geld einen an. Bis man dann mit den Öffentlichen Verkehrsmitteln wieder seine Wohnung erreicht hat, ist die Romantik längst verflogen. Da mach ich es doch lieber gleich zuhause, das ist preiswerter und man kommt auch schneller in die Koje.

Unabhängig vom Wie, Wann und Wo wird noch dringend angeraten eine langstielige rote Rose sowie die Gläser zum Champagner nicht zu vergessen, da die meisten Frauen nicht aus der Flasche trinken können.

Völlig vergessen werden dabei oft die Geschenke. Sie schaffen eine positive Grundstimmung und zaubern ein Lächeln, selbst in die verkniffensten Gesichter. Da nun nicht jeder seiner Partnerin eine mehrwöchige Reise nach Paris ins Ritz (Nobelherberge) schenken kann, tun es auch kleinere Aufmerksamkeiten. Voll angesagt sind Liebesschlösser mit Gravur, personalisierte Fußmatten „Home Sweet Home, Egon + Inge", die angesäuselte, gleichgewichtsgestörte Heimkehrer rechtzeitig an den Namen ihres Partners erinnern, Liebesglückskekse mit romantischen Sprüchen, sowie Schoko-Fußbälle in Originalgröße für den wahren Fan.

Das wichtigste Utensil ist und bleibt jedoch der Verlobungsring. Jedenfalls muss der weibliche Teil der Verbindung ihn erhalten. Vorzugsweise einen mit Diamanten, der gar nicht schwer genug sein kann, karatmäßig betrachtet. Reicht dafür das Geld nicht, kauft man zwei Verlobungsringe, die am Ringfinger der linken Hand zu tragen sind und nach der Hochzeit an den entsprechenden Finger der rechten Hand wandern. Diese Vorgehensweise ist zudem auch noch preisgünstiger als Verlobungs- und Eheringe getrennt anzuschaffen. Für den, der diese Ausgaben nicht scheut, gibt es phantastische Angebote, wie etwa den personalisierten Geburtsstein-Ring. Für Januar-Geborene gibt es den Granat, ist die Braut ein Dezember-Kind enthält ihr Ring den Topas. Vielleicht sollte an dieser Stelle darauf hingewiesen werden, dass Bräute mit Geburtstagen im Mai, Juli und September tunlichst gemieden werden sollten, da die Steine für diese Monate mit Smaragd, Rubin und Saphir deutlich am teuersten sind.

Natürlich geht man nun nicht einfach in einen Laden und kauft sich diese Dinger. Das wäre völlig out, unzeitgemäß und zeugte von einer antiquierten Lebensführung. Der moderne Mann sitzt bequem zuhause, mit der Liebsten auf dem Schoß und bringt seinen PC in Schwung. Mit dem findet er dann problemlos Juweliere, die ihm jeden Ringwunsch erfüllen. Er gibt nur einige Daten ein, wie Metall, Größen und Gravuren und schon klingelt der Postbote mit der Sendung. Wem das jedoch zu profan ist, der kann sich auch mit dem einzigartigen „Premium Ringkonfigurator" des Online-Juweliers Grützmacher seine persönlichen Wunschringe selbst gestalten.

Ob Gelb-, Weiß- oder Rotgold, Palladium, Silber, Platin, Titan oder Stahl, multicolor, schmal, breit, glatt oder gerippt, alles ist möglich. Wie gut, dass es inzwischen so etwas gibt. Was haben die Leute bloß früher gemacht?

Es ist ein offenes Geheimnis, dass es Damen geben soll, die in ihren Schmuckkästchen bereits mehrere dieser kleinen Kostbarkeiten horten. Während sie diese wehmutsvoll betrachten, erinnern sie sich immer wieder gerne an die damit verbundenen Amouren, die sie dann seufzend und bedauernd mit ihrem heutigen Ehetrottel vergleichen, an den sie nur noch durch finanzielle Zwänge gekettet sind.

Gröber gestrickte Managertypen, die allein schon dadurch einen Informationsvorsprung genießen, weil sie auf firmeninterne Serviceabteilungen zurückgreifen können, wissen natürlich, dass man auch ohne Verlobung heiraten kann. Sie negieren daher diesen zeit- und kostenaufwendigen Firlefanz, beauftragen die Rechtsabteilung mit der Ausarbeitung eines Ehevertrages, terminieren die Hochzeit und weisen eine ihrer Sekretärinnen an, die das Haus hütende Zukünftige davon in Kenntnis zu setzen. Trotz der Effizienz und offenkundigen Vorteile dieser einstufigen Verfahrensweise, sollte nicht unbeachtet bleiben, dass in der Regel eine lebenslange Freiheitsstrafe leichter zu ertragen ist, wenn man vorher durch die weniger beschwerlichen Bedingungen einer U-Haft psychisch darauf vorbereitet wurde.

Wie sie sich auch immer entscheiden, die besten Karten hat ein Mann, wenn er auf Knien, mit Tränen der Rührung in den Augen, das geöffnete Kästchen mit dem Zwei-Karäter in den zitternden Händen, seinen Spruch aufsagt. Ich verspreche ihnen, das reicht für die Auswärtsspiele einer ganzen Saison.

***

Eheformen

Hat sich ein Paar, trotz aller warnenden Hinweise, sowie düsterer Zukunftsschilderungen der besten Freunde und Verwandten, dazu entschlossen die Ehe einzugehen, muss gemeinsam entschieden werden, in welcher Form dies geschehen soll. Bürgerliches Gesetzbuch und Eherecht der katholischen Kirche schreiben hierfür die Einehe vor. Diese wurde selbst in jüngster Vergangenheit noch als monogame Ehe definiert. Inzwischen ist die streng eingehaltene Monogamie, nämlich die lebenslange, exklusive Paarungsgemeinschaft, eine eher seltene Verhaltensweise in unserer Gesellschaft. Die Problemlosigkeit von Scheidung und Wiederverheiratung, die Freiheit von Partnerwahl und sexueller Praxis haben vorerst zur seriellen Monogamie geführt. Man hat nacheinander mehrere aufeinanderfolgende Beziehungen, die nach einer gewissen Zeit beendet werden. Da man immer weniger bereit ist Konflikte gemeinsam durchzustehen, genügen für eine Trennung die nichtigsten Anlässe. Man verlässt eine unbefriedigende Lebensbeziehung und nimmt sich einen neuen Partner, der oft schon ganz oben auf der Warteliste seine Chance witterte. Dieses Verhalten führt zwangsläufig zur Promiskuität. Darunter versteht man die landläufige Praxis sexueller Kontakte mit häufig wechselnden oder gleichzeitig mehreren

Partnern. Natürlich ist derartiges Tun nicht gesetzlich verboten, schließlich hängen wir alle an unserer sexuellen Selbstbestimmung, aber glücklicherweise erhöht sich das Infektionsrisiko mit sexuell übertragbaren Krankheiten wie HIV und Hepatitis. Dadurch werden ausufernde, orgiastische Entwicklungen etwas eingeschränkt, denn Safer Sex ist auch nicht Jedermanns Sache.

Ja, wir treiben es wirklich wie die Karnickel. Aber schließlich werden uns von den Medien ja auch immer wieder promiske Film- und Politstars mit Vorbildfunktion zur Nachahmung präsentiert.

Neuere Forschungen haben ergeben, dass Monogamie als soziale Norm keine Folge ewiger Treue und Zuneigung ist, sondern sich, als die Menschen sesshaft wurden, wegen der Ausbreitung sexuell übertragbarer Krankheiten durchsetzte. Also sind Syphilis und Gonorrhoe für sie verantwortlich.

Lupenreine Monogamie gibt es heute wahrscheinlich nur noch bei den Höckerschwänen, die sich durch lebenslange Paarbindung auszeichnen.

Zeitgenossen, die sich an die Monogamie gar nicht erst herantrauen, weil sie sich ihr nicht gewachsen fühlen, bieten sich eine Reihe reizvoller Alternativen. Da wäre einmal die Bigamie, die allerdings vor unseren Gerichten überhaupt nicht gern gesehen und daher mit Haftstrafen geahndet wird. Als juristisch viel unbedenklicher bietet sich die „Offene Ehe" an. Man gesteht sich gegenseitig die Freiheit zu, auch andere Sexualpartner zu haben. Wenn man das nicht an die große Glocke hängt, verletzt man in seinem bürgerlichen Umfeld weder religiöse Gefühle noch konventionelle Erwartungen oder Moralvorstellungen. Genau so „offen" bleibt allerdings auch die Frage, von wem eigentlich die Gören sind, die einem zwischen den Beinen rumwuseln.

Sehr beliebt sind auch immer noch eheähnliche Gemeinschaften, wie zum Beispiel die „Wilde Ehe". Zu Kaisers Zeiten nannte man die bei uns – in der Schweiz heute noch – Konkubinat. Das heißt, der Mann holte sich eine Konkubine ins Haus und führte eine „Ehe ohne Trauschein".

Weitgehend unbedeutend und nicht mehr aktuell in unseren Breiten sind Formen wie „Entführungsheiraten", „Geistheiraten", „Levirate" usw.

Sehr viel größere Zukunftsaussichten werden da der „Zeitehe" eingeräumt, die bereits von schiitischen Muslimen, einer Glaubensrichtung die schließlich auch zu Deutschland gehört, erfolgreich praktiziert wird. Leider ist sie bei uns noch nicht legitimiert, obgleich die Nachfrage wohl riesig wäre, denn so eine unlimitierte Ehe kann dauern, dauern und dauern und dau …

Zudem ist wirklich für Jeden etwas dabei, denn sie kann für Zeiträume von einer halben Stunde bis zu 99 Jahren abgeschlossen werden. Für die Schiiten gibt es bei der Anzahl der Zeitehe-Frauen keine Grenze. Die Beschränkung auf vier Ehefrauen gilt nur für unbefristete Eheverhältnisse. Diesen Passus könnte man bei uns gegebenenfalls streichen. Letztlich sind wir zivilisierte Mitteleuropäer, die nicht beabsichtigen die Vielweiberei einzuführen.

Über die Legalisierung der Zeitehe sollten sich unsere Politiker daher ernsthafte Gedanken machen, falls sie dazu überhaupt noch in der Lage sind. Schließlich hat die Einführung der Zeitarbeit ebenfalls zu vielen neuen Jobs geführt. Es dürfte also wieder mehr geheiratet werden, wodurch unter anderem eine Nutzungsverdichtung des durch Singles okkupierten und nur ungenügend ausgefüllten Wohnungsbestandes erreicht wird. Diese Entwicklung führt in den großen Städten nicht nur zu der politisch gewollten Bebauungsverdichtung, sondern auch zu mehr Bewohnern pro Quadratmetern Wohnfläche, wodurch wiederum neuer Wohnraum geschaffen wird.

Weitere positive Resultate wären, drastische Senkung der Scheidungsraten, Entlastung überforderter Gerichte, Reduzierung des Geschäftsvolumens schmieriger Winkeladvokaten und Privatschnüffler. Die Vorteile sind unübersehbar. –

Weiterhin finden sich Eheformen, die entweder in alten Zeiten oder fremden Ländern praktiziert wurden oder werden. Wie beispielsweise die „Raubehe" (denken sie nur an die Sabinerinnen), die „Besuchsehe" (die Partner ziehen nicht zusammen, sondern leben, von nächtlichen Besuchen des Mannes abgesehen, getrennt), die „Kaufehe" (die Frau hat nur die Stellung einer Magd), oder die „Dienstheirat" auch „Brautdienst". Hier muss der künftige Ehemann eine gewisse Zeit bei der Familie seiner Frau leben und für sie arbeiten, um zu beweisen, dass er sie ernähren kann.

Das geht nun aber wirklich gar nicht. Wesentlich ansprechender erscheint da schon die „Gruppenehe", bei der sich mehrere Männer und Frauen gleichzeitig miteinander verheiraten. Alle Frauen sind dann legitime Sexualpartnerinnen für alle Männer und umgekehrt. Sie kommen relativ selten vor, was auch verständlich ist, denn wenn ein Kind nach seinem Vater fragt, zeigt seine Mutter ihm ein Gruppenfoto, das wie das Vatertagstreffen eines Kegelclubs aussieht. Gruppenehen trifft man heute noch an in Tibet und auf den Marquesas (Polynesien).

Wesentlich stärker im Fokus steht die „gleichgeschlechtliche Ehe", besser bekannt als „Homo-Ehe", die wiederum der Oberbegriff für „lesbische" und „schwule-Ehe" ist. In Deutschland wurde die Homo-Ehe bislang zwar viel diskutiert, aber nie eingeführt. Für Homo-Paare gibt es bisher nur die Möglichkeit eingetragener Lebenspartnerschaften. Da es aber bereits europäische Länder gibt in denen Homos heiraten dürfen, wie etwa die Niederlande,

Belgien und Irland, wird weiter verbissen darum gefochten. Andererseits verläuft immer noch ein eiserner Vorhang zwischen Ost und West durch Europa, da sich die Homo-Freundlichkeit in den östlichen Gefilden in sehr engen Grenzen hält.

Nach Untersuchungen hat der durch den Berliner Bruno-Gmünder-Verlag veröffentlichte Spartacus Gay Travel Index, die Sicherheit der Reiseziele für Schwule und Lesben in 194 Ländern beurteilt. Schweden liegt dabei auf Platz 1, Deutschland hingegen nur auf Rang 15, wie die Szene bedauert. Es bleibt also noch viel zu tun.

Urlauben sollten Homos jedenfalls nicht auf Sansibar, wo gleichgeschlechtliche Handlungen juristisch wie Mord behandelt und mit 25 Jahren Gefängnis bestraft werden. Noch ärger geht es im Iran, in den Vereinigten Arabischen Emiraten und Saudi Arabien zu. Hier handelt man sich für Homosexualität die Todesstrafe ein, die nicht nur verhängt, sondern auch ausgeführt wird.

Also Finger weg, liebe Schwule und Lesben, trotz verlockender Sonderangebote.

***

Ehearten

„Liebesheirat" ist, historisch gesehen eine sehr junge Disziplin, im Gegensatz zur „Vernunftehe", wie etwa einer arrangierten oder Zwangsheirat. Dabei ist der Mehrzahl der Heiratswilligen, bei der die Liebe der wichtigste Grund für eine Eheschließung ist, allerdings nicht klar, dass die meisten von ihnen – falls sie nicht schon vorher geschieden werden – zwangsläufig in eine Vernunftehe hinübergleiten. Dies ist einfach unvermeidbar, trotz vereinzelter Bemühungen des deutschen Fernsehens das Gegenteil zu beweisen. So sieht man gelegentlich in den Regionalprogrammen gestellte Szenarien, die ein zittriges, mümmelndes Ehepaar, anlässlich seiner Gnadenhochzeit (70 Ehejahre) präsentieren, das sich mit wackelnden Köpfen gegenseitiger Liebe wie am ersten Tag versichert. Einer der beiden Liebenden liest dann noch mit fast versagender, brüchiger Stimme den Satz vom Blatt: „Was Gott zusammengefügt hat, soll der Mensch nicht scheiden".

Den Programmmachern scheint überhaupt nicht klar zu sein, dass sie hiermit einen ehefeindlichen Beitrag produzieren, denn vielen jungen Zuschauern läuft es dabei eiskalt über den Rücken, wobei sie verzweifelt hoffen, später nicht auch einmal so enden zu müssen.

Die „Konvenienzehe" bezeichnet eine Verbindung, die mit Rücksicht auf die passsende soziale Herkunft der Partner geschlossen wird. Es geht um eine standesgemäße Heirat, wenn zum Beispiel die Vermögen der Hochzeiter zusammenpassen. Häufig wurde sie auch arrangiert um eine unstandesgemäße Ehe (Mesalliance) zu verhindern. Heute würde man wohl eher von einer Vernunftehe sprechen um etwa Homosexualität vor der Familie oder der Gesellschaft zu verbergen, (Gustav Gründgens – Alma Hoppe).

Weit häufiger trifft man gegenwärtig die „Scheinehe" an, die eine formal gültige Ehe ist, in der aber keine gemeinsame Lebensführung angestrebt wird. Sie dient ausschließlich dem Zweck dem ausländischen Ehepartner eine Aufenthaltsgenehmigung zu verschaffen und somit seine Ausreisepflicht zu verhindern.

Darüber hinaus existieren weitere Ehearten wie „Geschwisterehen", „Cousinenheiraten", „Schwagerehen" (Levirate), „Kinderheiraten" usw. Eine sollte vielleicht noch Erwähnung finden, nämlich die „Josefsehe" oder auch „Engels-," und „Jungfernehe". Bei dieser Art wird, insbesondere aus religiösen Gründen auf jeden Geschlechtsverkehr verzichtet. Dieser Praxis, die in jeder Eheform ausgeübt werden kann, werden jedoch keinerlei Zukunftsaussichten eingeräumt.

Planungs-Vorbereitungen

Paare, die sich bis hierher durchgekämpft, alle Hindernisse gemeinsam bewältigt haben und nun blauäugig glauben, das Schlimmste wäre geschafft, zeigen, dass sie von den noch vor ihnen liegenden Schwierigkeiten, aber auch wirklich nicht die geringste Ahnung haben. Gemessen an dem was noch drohend auf sie wartet, bevor sie gütergetrennt aber ehelich vereint, ins jetzt staatlich legitimierte Ehebett springen können, war das bisher Erlebte das reinste Zuckerschlecken.

Es gibt zwar keine belastbaren Daten, aber Branchenkenner schätzen, dass noch keine 70% aller Paare ihre Hochzeitsplanung zu einem erfolgreichen Abschluss bringt.

Doch greifen wir den Ereignissen nicht vor. Die folgenden Ausführungen werden die Komplexität der zu lösenden Aufgaben verdeutlichen. Um die Problemstellungen für den geneigten Leser ersichtlicher zu machen, begleiten wir nunmehr ein hoffnungsfrohes Paar auf seinem steinigen Weg. Wir haben zu diesem Zweck ein Pärchen mit einfachen, leicht zu überblickenden Voraussetzungen ausgewählt.

Beide sind nicht monogam und glauben aber sich über ihre sexuellen Orientierungen im Klaren zu sein. Er ist Hetero, sie Hetera. Bi- oder Auto-Sexuelle

Neigungen sind nicht merkbar ausgeprägt. Gender-Bender ist für sie ein unbekanntes Fremdwort, das sie bei Befragung, wahrscheinlich als ein Phänomen in der Massentierhaltung identifizieren würden. Nicht einmal die geringsten Neigungen für Sodomie, Fetischismus oder Nekrophilie sind erkennbar.

Sie verspüren einfach nur das Bedürfnis, ihr Leben in „Wilder Ehe" zu beenden und in eine durch Kirche und Staat abgesegnete eheliche Gemeinschaft zu überführen. Mit anderen Worten, es handelt sich um zwei langweilige, durchschnittliche deutsche Heiratswillige, die augenblicklich, in ihrem Wohnzimmer sitzend, damit beschäftigt sind, sich und den anderen davon zu überzeugen, warum sie einander zu heiraten gedenken.

Natürlich haben sich beide schon ungezählte Male mit Liebesschwüren zugeschüttet und sich gegenseitig versichert, noch nie zuvor so geliebt zu haben. Das gehört einfach dazu, also tun sie es jetzt auch wieder. Schließlich sind Liebesheiraten gerade voll im Trend. Für knapp 90% der Befragungsteilnehmer ist die Liebe der wichtigste Grund für eine Eheschließung. Das kann man überall nachlesen.

Also wollen sie unter allen Umständen auch so sein wie die anderen. Man trägt ja schließlich auch keine Klamotten die untrendy oder outdated sind. Und übrigens, soll man dem anderen etwa sagen, dass man ihn nur wegen seiner finanziellen Potenz zu ertragen bereit ist? Das macht schließlich auch keinen guten Eindruck, wird als unhöflich empfunden und lässt gar auf Gefühlskälte schließen.

Unsere Beiden scheinen diese lästige Pflichtübung inzwischen erfolgreich hinter sich gebracht zu haben, denn sie kämpfen jetzt verbissen um die grundsätzlichen Eckpunkte der bevorstehenden staatlichen Sanktionierung und der folgenden Festivitäten, bei denen es sich durchzusetzen gilt.

Man erkennt dies daran, dass schneller geredet, weniger zugehört und die Diskussion mit diplomatischen, freundlichen, jedoch leicht verzerrten Lächeln, sowie in hohen, verführerischen Flötentönen fortgesetzt wird.

Es beginnt fast immer mit dem Termin. Sie will unbedingt im Sommer, weil das, nach Umfragen, alle wollen. Für ihn ist das überhaupt keine Option, da dann die Fußball-Europameisterschaft in Frankreich ist und keiner seiner 48 Kumpel von den „Rauten-Ultras" zu seinem schönsten Tag im Leben erscheinen würde. Da könnte die Einladung noch so cool sein.

Sollte sie also darauf bestehen, würde er dann selbst wohl auch nicht kommen. Für ihn kam nur die Fußball-Winterpause im Januar infrage. Das würde sein letztes Wort in dieser Sache sein. Er könnte ihr notfalls mit der Zustimmung zur kirchlichen Trauung entgegenkommen. Zwar konnte er

Popen nicht ausstehen, aber Kompromissfähigkeit in existentiellen Fragen gehörte schließlich zu seinen Stärken.

Ihr war von Beginn an klar, keinen Sommertermin durchsetzen zu können. Zu stark war seine Bindung an diese primitive Form der Massenunterhaltung. Sie würde aber verzweifelt darum kämpfen, selbst unter Einsatz ultimativer Mittel wie herzerweichendem Schluchzen und hemmungsloser Tränendrüsenaktivierung. Danach würde sie versuchen so viel wie möglich dafür herauszuschlagen, ohne dass ihm dies bewusst wurde.

Zusätzlich würde sie noch Sachen als absolut notwendig einfordern, von denen sie wusste, dass er sie hasste, an denen ihr selbst aber gar nichts lag, wie Pferdekutsche zur Kirche oder Flitterwochen am Strand. Diese würde sie dann ebenfalls als Verhandlungsmasse einbringen und gegen das eintauschen, was ihr wirklich am Herzen lag: ein rauschendes Fest als Hochzeitsfeier.

Hierzu wollte sie alle ihre Ehemaligen einladen um ihnen vor Augen zu führen, wie dumm es doch von ihnen war ihr damals keinen Antrag gemacht zu haben. Dabei fiel ihr ein, sie musste ihren Zukünftigen unbedingt davon abbringen, den Gag mit der Demonstration des blutbefleckten weißen Handtuchs vorzuführen. Er hatte davon in einem Aufsatz über die Geschichte der Ehe gelesen und war begeistert gewesen. Sie fürchtete jedoch, dass dabei die Hälfte der männlichen Gäste in brüllendes Gelächter ausbrechen würde.

Bei den jetzigen Verhandlungen musste sie ihrem Gatten in spe unbedingt das Gefühl vermitteln als Sieger vom Platz gegangen zu sein. Es kam ihr allerdings wie eine Gratwanderung vor, denn insgeheim fürchtete sie immer noch, er könnte sie sitzen lassen, wenn sie zu weit ginge.

Sollte jedoch alles gut gehen, hatte sie für den weiteren Verlauf ihrer Ehe bereits feste Vorstellungen darüber, wie sie ihren Mann anleiten und führen würde. Entscheidend war dabei, dass er stets fest davon überzeugt blieb, selbst die dominante Person zu sein, die allein bestimmte wann, wo, was zu geschehen hatte, beim Auftauchen nur schwer durchschaubarer Komplikationen zu deren Lösung ein Frauenhirn nun mal nicht konstruiert war.

Am Ende ihrer ersten Besprechung hatte sie sich in allen, ihr wichtigen Punkten durchgesetzt, wogegen ihm überhaupt nicht klar war, welche das überhaupt waren. Fest stand jedenfalls, die Hochzeit würde im Januar, im besten Hotel der Stadt stattfinden. Seinem zaghaften Hinweis auf die enormen Kosten, hatte sie mit der Bemerkung abgetan, sich schließlich auch daran zu beteiligen. Im Übrigen könnte man ja bei den Gästen durchsickern lassen, dass insbesondere Geldgeschenke willkommen wären. „Nur Bares ist Wahres" hatte sie ihm sehr überzeugend zugezwinkert.

Weiterhin würde es sowohl eine standesamtliche als auch eine kirchliche Trauung geben. Die vor dem Standesamt sollte in Form einer Erlebnishochzeit stattfinden, die seit einiger Zeit, gegen einen geringen Aufpreis, angeboten wurden. Vielleicht konnte man sich ja in der Elbphilharmonie oder bei Hagenbeck das Ja-Wort geben, hatte sie vorgeschlagen. Er hatte allerdings sofort an eine VIP-Lounge im Volksparkstadion gedacht. Es war seine Aufgabe sich darum zu kümmern.

Zu seiner großen Überraschung hatte er selbst den Vorschlag gemacht gemeinsam in die Flitterwochen zu fahren. Darauf war sie ihm spontan um den Hals gefallen und hatte ihm selig ins Ohr gehaucht: Ich liebe Paris. Sie kannte sogar schon das Hotel in dem sie nächtigen würden, in Sichtweite des Eiffelturms.

Eine etwas längere Diskussion hatte es dann über die Anzahl und Art der Gäste gegeben. Seinen Wunsch, sämtliche 48 Mitglieder der Rauten-Ultras einzuladen, hatte sie schlichtweg abgelehnt. Bevor er sich noch darüber im Klaren war, ob dies seine männliche Ehre verletzte, hatte sie ihm erklärt, dass ein halbes Hundert Hooligans und ein Nobelhotel einfach nicht zusammenpassen würden. Spätestens wenn sie die ersten Böller werfen, sprengt die Polizei unsere Traumhochzeit. Willst du das wirklich? Natürlich wollte er das nicht, und so hatten sie sich auf eine Abordnung von fünf ausgewählten Deputierten geeinigt, die Grüße und Geschenke der Anderen überbringen sollten. Sie wollte erst nur drei, er hatte dagegen auf zehn bestanden. Schließlich hatten sie sich irgendwo in der Mitte getroffen. Er musste aber garantieren, dass alle einen sauberen Anzug und gepflegte Manieren besaßen, zur Not auch Wein tranken und mit Messer und Gabel essen konnten.

Darüber hinaus standen Verwandte beider Seiten selbstverständlich auf der Gästeliste. Er beschloss allerdings seinem Onkel Egon, dessen Führungszeugnis bereits mehrere Vorstrafen wegen Trunkenheit am Steuer und schwerer Körperverletzung schmückten, seine Hochzeit zu verschweigen.

Diese trüben Gedanken ließen ihn völlig vergessen seine Verlobte danach zu fragen, wie viele Gäste sie einzuladen beabsichtigte.

Nach diesem ersten Vorgespräch fühlte er sich völlig geschafft, worauf er beschloss seine Stammkneipe aufzusuchen um neue Kraft zu tanken. Auch sie hatte es plötzlich eilig, da mit einer Freundin noch modische Details des Brautkleides diskutiert werden mussten.

**

Hochzeitsplanung (Phase Eins)

So oft er auch später an diese Zeit zurück dachte, es bestätigte sich ihm immer wieder, dass die letzten acht Monate seines Junggesellendaseins die fürchterlichsten seines bisherigen Lebens waren.

Sie standen nämlich von Beginn an unter enormen Planungsdruck. Alle verfügbaren schriftlichen Wedding-Planner im Internet gingen von einer Mindestplandauer von einem Jahr aus. Da eine Verschiebung um ein Jahr nicht verhandelbar war, seine Verlobte wollte das Eisen schmieden solange es noch heiß war, galt es vier Monate Rückstand aufzuarbeiten. Und so wurden Mittagspausen, Feierabende und Wochenenden gefüllt mit zeitaufwendigen Arbeiten von denen er bisher nicht einmal wusste, dass es dergleichen überhaupt gab. Das ganze Elend begann mit der, er wusste es noch wie heute,

...Anlage von Ordnern, in denen alle wichtigen Infos, Dokumente, Notizen, Checklisten, Adressen etc. abgelegt werden konnten.

Danach ging es nahtlos weiter mit so irren Aktivitäten wie:

...Sammlung von Infos und Unterlagen für die Anmeldemodalitäten beim Standesamt, wie etwa Personalausweise, Geburtsurkunden, Meldeurkunden etc.

…Festlegung von Termin-Zeitfenstern für Kirche, Standesamt, Hochzeitsfeier.

…Festschreibung der Gästeliste. Schulfreunde, Kollegen, Vorgesetzte, Nachbarn.
Adressen beschaffen und notieren. (Dies liest sich leicht, war aber ein hochexplosives Thema, das zu zeitaufwendigen und nervenzerrütten den Streitigkeiten führte)

…Location-Besichtigung für Feier, Ziviltrauung und Kirche.

…Trauzeugen und Brautjungfern auswählen (brisant)

…Fotografen buchen

…Save-The-Date-Karten verschicken

…Kirche reservieren, mit Pfarrer Traugespräch führen

…Zimmerkontingente für auswärtige Gäste reservieren

…Hotel für Flitterwochen buchen

…Koordinator für Organisation und Ablauf der Hochzeitsfeier bestimmen und den Gästen bekanntgeben

…zukünftige Namensführung diskutieren und festlegen (heiße, aufwendige Tränen-Auseinandersetzungen)

…bei Bedarf Ehevertrag ausarbeiten und festlegen

…falls erforderlich, Hochzeitsmesse besuchen

…Finanzen überprüfen (zu diesem Zeitpunkt nicht empfehlenswert; kann zum Abbruch von Planung und Beziehung führen)

Diese kurze Auflistung kann natürlich keinesfalls vollständig sein. Sie umreißt lediglich den groben Rahmen in dem man sich bewegt. Hat man sich bisher stets fleißig bemüht, sowie auch seinen Jahresurlaub dem großen Ziel geopfert, dürften sämtliche Punkte abgearbeitet sein. Sie befinden sich jetzt nur noch sechs Monate vor dem schönsten Tag ihres Lebens. Es ist also Eile geboten für die folgenden Tätigkeiten:

…Termin für Standesamt festlegen

…Einladungskarten aussuchen, texten und versenden. Kleiderordnungshinweise und Bitte um Geldgeschenke nicht vergessen. Gleichzeitig Tisch- Menü- und Danksagungskarten mit ordern.

…Eheringe aussuchen und bezahlen

…Bräutigam einkleiden. Stoffprobe vom Brautkleid mitnehmen, dass wenigstens die Farbtöne harmonieren.(Widerstand des Verlobten, der einen Leihfrack wollte wurde abgeschmettert)

…Blumenkinder besorgen

…evtl. Tanzkurs buchen, für den Hochzeitswalzer

…Menü auswählen

…Outfit für Standesamt festlegen

…Dekoration und Blumenschmuck auswählen und bestellen

…Kirche buchen. Taufbescheinigungen, Konfirmationsurkunden und Anmeldung zur Zivil-Ehe nicht vergessen

Inzwischen sind es nur noch vier Monate bis zum Hochzeitstermin. Er gebärdet sich aber bereits jetzt als zittriges, sabberndes Nervenbündel, das absolut sicher weiß dieses Leben keinen Tag länger aushalten zu können. Statt mit seinen Kumpeln über die prekäre finanzielle Situation des HSV zu fachsimpeln oder die Tagesform der Spieler zu diskutieren, zwingt man ihn gnadenlos, tagein tagaus, über Monate sich mit Hochzeitstorten, Brautsträußen, Namensrechten, schwachsinnigen Hochzeitsbräuchen und Ambush Wedding, dem neuen Trend aus den USA, auseinanderzusetzen.

Es ging einfach nicht mehr. Einmal musste Schluss sein. Er schmiss die Brocken hin und verabschiedete sich in seine Stammkneipe. Wie nicht anders zu erwarten machten ihn seine Kumpel höhnisch an, nachdem er ihnen sein Leid geklagt hatte. Woher sollten diese Banausen auch wissen, dass Hochzeiten heute zelebriert und inszeniert wurden wie nie zuvor. Plötzlich wurde ihm bewusst, was er in den letzten Monaten alles gelernt hatte, das ihm jetzt diesen Wissensvorsprung verschaffte.

Einer dieser Ignoranten gab noch eine Geschichte von seinem Arbeitskollegen zum Besten, der an einem normalen Montag, ohne jeden Schnick-Schnack, in der Mittagspause geheiratet hatte. Beim Standesamt hatte es nur eine knappe Viertelstunde gedauert, gleich danach war er wieder in die Firma gegangen. Seine neue Frau hatte trotzdem vor Glück geheult, denn sie war im sechsten Monat schwanger und wusste auch sonst nicht wohin. Mit den Worten: „Der ist ´ne arme Sau und hat keinen Pfennig auf der Naht, aber was der für Geld gespart hat…", endete der Beitrag abrupt. Der Erzähler war nämlich verblüfft über das was er eben gesagt hatte, denn er verstand nicht wirklich, wie man Geld sparen konnte, das man gar nicht besaß. Um seine Verlegenheit zu verbergen orderte er unter großem Gejohle der anderen die erste Runde Korn.

Danach wollte ein anderer den genauen Hochzeitstermin wissen, damit er sich den Tag freihalten könne, denn eingeladen wären sie ja doch wohl alle.

Der Wirt, dem Umsatzeinbußen aus welchen Gründen auch immer, zuwider waren, bot spontan an, seine Räumlichkeiten für die Hochzeitsfeier zur Verfügung zu stellen. Er behauptete hinten noch weitere Zimmer herrichten zu können, in denen früher seine Alte genächtigt hatte.

Der nervlich angeschlagene Hochzeiter wusste, dass er nur fünf der Ultras würde einladen können, da ihn sonst seine Verlobte noch vor der Hochzeit kaltblütig erschossen hätte. Sie legte nämlich Wert auf gepflegte Umgangsformen und ein gewisses Standing, da ihr Vater einst Chef-Portier im Nobelhotel Atlantic war, in dem sie daher auch heiraten wollten.

So rann die Unterhaltung munter fort. Auch der Wirt war voll ausgelastet, denn eine Runde folgte der anderen.

Lediglich Uschi, die bisher noch nichts gesagt hatte, was sehr ungewöhnlich für sie war, hielt sich mit den Körnern zurück. Sie tauchte plötzlich hinter ihm auf, legte eine Hand auf seinen Arm und bedeutete ihm mit vor die Tür zu kommen, da sie wüsste was er jetzt brauchte.

Sie war jedenfalls sehr überzeugend, denn er fand sich wenig später in seinem Wagen wieder, auf dem Weg zur A27 zwischen Freihafen und Industriehafen, während sie unablässig auf ihn einredete. Er schämte sich ein wenig, dass er bisher nichts von all dem gewusst hatte, obgleich es doch Plattformen wie Treffpunkt 18 usw. gab, denn sie klärte ihn auf über die ungeahnten Freuden des kostenlosen

***

Parkplatz-Sex (PPS)

Immer mehr Frauen und Männer suchen Kontakte für gemeinsamen Parkplatzsex. Einen besonderen Reiz übt er auf Menschen aus, die sich gerne beim Liebesspiel zuschauen lassen und selbst auch andere Paare gern dabei beobachten.

Zusätzliche Spannung ergibt sich, da es zwischen interessierten Paaren schnell zu einem Partnertausch kommen kann, so dass man ständig neue Sexpartner kennenlernt.

Geeignete Parkplätze gibt es in großer Anzahl, die auch bei T18 eingesehen werden können. Gleiches gilt für die Suche nach offenen Partnern, falls der Angetraute noch tradierten Vorstellungen nachhängt, die der sexuellen Selbstbestimmung nicht gerecht werden.

Beim Parkplatzbesuch sind jedoch unbedingt drei Grundregeln zu befolgen, ohne die ein störungsfreier Ablauf nicht gewährleistet werden kann.

1. Wer nur zu Zweit Sex haben will, sollte Türen und Fenster seines Wagens geschlossen halten.

2. Ein Paar, das Zuschauer beim Sex wünscht, öffnet dafür ein Fenster.

3. Will ein Paar auch Dritte an ihrem Sex teilnehmen lassen, öffnet es eine Tür.

Das war es schon. Jetzt kann es losgehen. Es versteht sich von selbst, dass bei Rudelbildungen von mehr als sechs Personen der Spaß nicht mehr im Wagen, sondern um ihn herum stattfinden muss, wodurch wiederum weitere Interessierte aus anderen Fahrzeugen stimuliert werden der Orgie beizuwohnen.

Doch Vorsicht!!

Parkplatzsex ist zwar kostenlos, kann aber trotzdem teuer werden. Mobile Banden aus Osteuropa, die bisher ausschließlich auf Wohnungseinbrüche spezialisiert waren, haben PPS inzwischen als neues Geschäftsmodell für sich entdeckt. Ihnen ist aufgefallen, dass die stöhnende, sich auf dem Boden wälzende, kreischende Gemengelage verschwitzter Körper, den Kontakt zu außergeschlechtlichen Ereignissen vollumfänglich verloren hat. So können sie unbehelligt deren Fahrzeuge, bei denen zumeist noch die Schlüssel stecken, vom Platz fahren, ohne von den Geschädigten überhaupt bemerkt zu werden. Es empfiehlt sich daher für die Anreise den Wagen des Partners zu nutzen.

***

Hochzeitsplanung (Phase Zwei)

Als er am folgenden Abend wieder an seinem Platz saß, um hochzeitsplanerisch tätig zu werden, sagte er kein Wort zu seiner Verlobten, sie fragte ihn ebenfalls nichts und so erfüllten beide schon jetzt wesentliche Voraussetzungen für eine glückliche Ehe.

Er fühlte sich gestärkt, geläutert, hatte seine Einstellung zu Uschi umgekrempelt und war froh, dass man ihm seinen Wagen nicht geklaut hatte.

Es waren zwar immer noch vier Monate bis zum Tage X, jetzt jedoch ging die Arbeit wieder flott von der Hand, denn es gab auch viel zu tun:

…Preisvergleiche bei Catering- und Party-Services

…musikalische Umrahmung der Trauungszeremonie auswählen (Organist, Streichquartett, Gospelchor)

…musikalische Gestaltung der Hochzeitsfeier festlegen (DJ, Band)

…Recherche nach Künstlern für die Feier, wie Feuerschlucker, Jongleur etc.

…Beginn der Solarienbesuche der Zukünftigen, falls das Brautkleid auf gebräunter Haut präsentiert werden soll

…Friseur und Kosmetikerin suchen

…Hochzeitstorte aussuchen

…Entscheidung über Sitzordnung treffen

…Organisation der Junggesellen/innen-Abschiede an
…Freunde delegieren

Die Zeit zerrinnt ihnen zwischen den Fingern, denn plötzlich und völlig unerwartet befinden sie sich nur noch zwei Monate vor der Hochzeit.

Es passiert immer häufiger, dass man nachts schweißgebadet hochschreckt. Tagsüber verlieren sich diese Panikattacken dann allerdings wieder, denn jetzt heißt es

…endgültige Musikauswahl treffen
…Probetermine bei Friseur und Kosmetikerin vereinbaren
…Gastgeschenke organisieren
…Autoschleifen bestellen
…Gästebuch einrichten
…Ringkissen und Hochzeitskerze besorgen
…Streukörbchen für Blumenkinder bestellen
…Programmhefte für die Kirche erstellen
…Sitzordnung finalisieren
…Accessoires für das Brautkleid auswählen: Schuhe, Strümpfe, Strumpfband, Handtasche, Stola/Schal/Cape, Schleier, Haarschmuck, Dessous, Corsage.

Die Uhr tickt unerbittlich und sie stellen mit gemischten Gefühlen fest, dass ihnen nur noch ein knapper Monat Zeit bleibt, obgleich noch so unendlich viel zu tun ist. Allerdings sind sie jetzt keine blutigen Anfänger mehr, sondern strahlen inzwischen eine überlegene Routiniertheit aus, in sämtlichen Bereichen kurz- und mittelfristiger Ehe-Aufbau- und Ablauf-Planungen. Sie haben sogar schon mit dem Gedanken gespielt, selbst so ein Beratungs-Institut zu eröffnen. Daher sind sie sehr zuversichtlich auch den planerischen Rest fachkundig abzuwickeln, als urplötzlich und völlig unerwartet sowohl die Bombe als auch ihre Ehe platzen.

Die Braut ist völlig aufgelöst, hysterisch und weigert sich ihre Wohnung zu verlassen. Sie beschuldigt ihn noch ihr das Herz gebrochen zu haben, bevor sie das Gespräch abrupt abbricht. Ehe der gescholtene Bräutigam jedoch Uschi anruft um zu erfahren, ob sie vielleicht geplaudert hätte, setzt er sich noch mit der besten Freundin seiner Verlobten, eine der Brautjungfern, in Verbindung. Diese schildert ihm dann, dass die Braut zu lange auf der Sonnenbank gelegen hatte und ihn dafür verantwortlich mache, da er von einem schönen braunen Teint geschwärmt hätte. Sie wäre dagegen viel lieber blass und interessant geblieben. Zurzeit litt sie an einem knallroten, mit Blasen übersäten Gesicht, das sich aber in einem Monat durchaus renaturieren ließe.

***

Hochzeitsplanung (Phase Drei)

Erstaunlicherweise schreiten jetzt die Planungen weitaus zügiger voran. Die Zukünftige ist zwar ausgefallen, aber dafür sind zwei entzückende, ganz reizende Persönchen eingesprungen, die Brautjungfer und eine Trauzeugin. Beide haben sich spontan bereit erklärt, alles zu tun um die Festivitäten zu einem vollen Erfolg werden zu lassen. Zur Einstimmung werden sie vorerst mit Aufgaben vertraut gemacht, die nur während der Feier erledigt werden können.

...Besänftigung unzufriedener Gäste

...Schlichten von Streitigkeiten

...Animation gelangweilter Teilnehmer

...Beaufsichtigung des Personals

...Reduzierung unpassender Musik und sonstiger künstlerischer Beiträge

Damit beide sich aber auch jetzt nicht langweilen kümmern sie sich um andere akute Planungssegmente:

...Terminbestätigungen für Friseur, Pastor, Fotograf, Band, Caterer, Hotel etc.

...finales Checken sämtlicher Aktionstermine

...Überprüfung der Notwendigkeit einer Generalprobe mit Blumenkindern, Brautjungfern, Trauzeugen, Brautführer und Pastor

Der Bräutigam selbst muss jetzt dringend
…den Brautstrauß aussuchen und bestellen.
Er war informiert worden, dass es einen
Trend zum Zweitstrauß gab. Den kleinen,
preiswerteren warf die Braut in die Men-
ge der anwesenden weiblichen Singles,
der schönere wurde als Hochzeitserinnerung
aufbewahrt
…seine Begrüßungs- und Dankesrede
vorbereiten
…die Vermählungsanzeige formulieren. Bereits
einmal Verehelichte, nehmen die vom letzten
Mal und vergessen nicht den Namen des
Partners auszutauschen
…Finanzplanungen und Kostenrechnungen
an einem Ort verbergen, an sie dem selbst
von ihm nie wieder gefunden werden
können
Wenn während dieser Arbeiten eine Frau im
Burka, also in Ganzkörperverschleierung, bei ihnen auftaucht, handelt es sich nicht etwa um
eine Terroristin im Sprenggürtel, sondern um ihre
Verlobte. Die hat inzwischen, gegen eine mäßige
Gebühr, im Netz mit einer Agentur für Liebeskummer gechattet, wodurch ihr das gebrochene Herz
gekittet worden war. Zudem hat man sie darüber
informiert, dass es keine gute Idee sei ihren, wahrscheinlich doch labilen Zukünftigen mit zwei sogenannten besten Freundinnen, die sich schon oft

als lockere Vögel erwiesen hätten, im nächtlichen Ambiente allein zu lassen.

Nach einigen misstrauischen Rundum-Blicken, die jedoch vorhandenen Argwohn nicht bestätigen, bringt sie einige neue Ideen in die Arbeitsgruppe ein. Nämlich

…mit Helium gefüllte rote Luftballons an denen brennende Wunderkerzen hängen, vom Dach des Atlantic in den nächtlichen Hamburger Himmel steigen zu lassen. Die Brautjungfer wird sofort angewiesen eventuelle Genehmigungspflichten zu überprüfen

…Installation eines Wedding-Trees. Die Gäste stempeln in unterschiedlichen Farben einen Fingerabdruck auf den gezeichneten Baum – wodurch sie ihn mit Blättern schmücken – und schreiben ihren Namen dazu

…danach sagte sie nur noch „Polterabend", worauf sofort schrille Schreie und hektische Betriebsamkeit ausbrachen, um dieses vergessene, unbedingte Muss noch zu realisieren.

Mittlerweile sind es nur noch zwei Tage bis zu diesem schönsten Tag. Sämtliche Vorbereitungen sind beendet und die Braut sieht auch schon wieder ganz passabel aus. Sie ordnet den Inhalt ihrer Handtasche nach einem, ihm unbekannten, System. Er legt die Dokumente und Ringe bereit, überprüft die Trinkgelder für die dienstbaren

Geister und hofft inständig, dass alles gutgehen wird, da die Schuldzuweisungen für misslungene Details ihn allein treffen werden.

Um dieses Risiko zu minimieren hat er, unbemerkt von den weiblichen Mitplanerinnen, eine zusätzliche Geheimplanung installiert. Einmal hat er zur Kontrolle, einen professionellen Wedding Planner eingeschaltet, der sein Honorar auf zehn Prozent des Gesamtbudgets bemaß. Bei dem Aufwand, den sie hier betreiben, hatte der gesagt, schätze ich ihre Kosten auf schlappe fünfhundert pro Teilnehmer. Ich werde ihnen also, sagen wir mal, 45 Euro pro Person in Rechnung stellen.

Da er schon lange keine Chance mehr sah, all seine Rechnungen zu begleichen, kam es ihm auf die paar tausend Piepen wirklich auch nicht an.

Zusätzlich hatte er noch Umplanungen vorgenommen, von denen auch der Profi-Planer nichts wusste. Er musste nämlich die Hochzeitsreise nach Paris stornieren und dafür ein Hotel in London, direkt an der Tower-Bridge, buchen. Dieser Schritt war leider unvermeidbar gewesen, nachdem ihm sein mathematisches Einfühlungsvermögen darüber informiert hatte, dass eine Privatinsolvenz unvermeidbar war. Glücklicherweise war ihm aber noch der Tipp eines seiner Ultra-Freunde eingefallen, der ihn darauf hingewiesen hatte, dass man in England bereits drei Jahre nach der Anmeldung schuldenfrei sei, im Gegensatz zu den hiesigen fünf Jahren.

Darüber würde seine Verlobte, oder dann ja schon Frau, sicher sehr erfreut sein. Er durfte nur nicht vergessen, ihr auf dem Weg zum Flughafen davon zu berichten.

Für einen guten Ehestart wollte er ihr noch weitere Vergünstigungen zuteilwerden lassen. Bisher hatte er vehement darauf bestanden, seinen bisherigen Namen weiter zu führen. Nun gedachte er sie zu überraschen mit der frohen Kunde, ihren Namen annehmen zu wollen, einfach aus grenzenloser Liebe zu ihr. Zusätzlich würde er sich bereit erklären in ihre Wohnung zu ziehen, wie sie es sich schon immer gewünscht hatte.

Wenn er also jetzt unter altem Namen und Adresse Privatinsolvenz anmeldete und danach mit neuer Identität abtauchte, dürften sich seine Gläubiger die Nase wischen. Es konnte einfach nichts schief gehen, wenn heutzutage sogar international gesuchte Terroristen unbehelligt durch Europa reisten. Vielleicht sollte er sich auch äußerlich verfremden und die Barthaare sprießen lassen.

Am Wichtigsten jedoch schienen ihm die bürokratischen Maßnahmen. Geändert werden mussten und zwar sofort nach ihrem Honeymoon: Personalausweis, Reisepass, Führerschein, Fahrzeugpapiere, E-Mail-Adressen, Telefonbucheintrag,

Bankkonten, Versicherungen, Lohnsteuerkarte, Visitenkarten etc.

Er lehnte sich entspannt zurück. Damit waren die Planungsphasen beendet.

Im Nebenzimmer unterhielt man sich derweil angeregt über das Für und Wider einer Brautentführung Reiszeremonie oder Something old, something new, something borrowed, something blue, and a lucky six-pence in your shoe.

Ihm wurde plötzlich klar, warum Spötter behaupteten, dass ein Heiratsantrag womöglich das größte Kompliment sei, das ein Mann einer Frau machen könne, aber häufig auch das letzte.

***

Ehedauer

Die Ehedauer ist in starkem Maße abhängig von der Leidensfähigkeit der beiden Partner. Immer häufiger wird sie jedoch von juristisch vorgebildeten Partnern böswillig verlängert, mit dem Ziel, die sich aus einer kurzen Ehedauer ergebenden negativen Auswirkungen auf die Höhe der Unterhaltsansprüche, zu verhindern.

Und, wie der Leser bereits weiß, eine Ehe dauert nun mal, daran ist nichts zu ändern. Laut Statistischem Bundesamt betrug sie 2014 durchschnittlich bis zur Scheidung, 14,7 lange, ziehige Jahre.

Eigentlich erstaunlich bei der steigenden Zahl sexueller Präferenzen und geschlechtlicher Identitäten. Andererseits kann man sich auch fragen, ob eine zwölfmonatige Planung der Heirat, für schlappe fünfzehn Jahre Ehe kein zu großer Kraftakt ist. Besonders wenn man berücksichtigt, dass es sich hierbei um einen Durchschnittswert handelt. Es gibt daher sicher Ehen die kürzer andauern, als die zu ihnen gehörenden Hochzeitsvorbereitungen. Na ja, vielleicht gab's danach ja auch keine gemeinsamen Interessen mehr.

Früher dachte man schlichter und langfristiger. Die Ehedauer war ausschließlich abhängig von der Lebensdauer der Partner, die in den alten Tagen eindeutig kürzer war als in unseren modernen Zeiten. Antizyklisch zu dieser Entwicklung zur

Langlebigkeit hat sich die Ehedauer merklich verkürzt. Aber vielleicht ist das ja auch einer der Gründe warum wir immer älter werden. Nur an den gewinnorientierten Fachärzten, bei denen Kassenpatienten kaum noch erlebbare Termine zugeteilt bekommen, kann es ja nun auch nicht liegen.

Sympathisiert man mit dieser Auffassung, wird man augenblicklich von Erleuchtungen überschwemmt, die diese Entwicklung entscheidend zu beschleunigen vermögen. Doch davon später.

Entnehmen sie bitte vorerst die nachhaltige, als auch optimistische Betrachtungsweise unserer Ahnen zur Dauer des Ehelebens, mit einigen ausgewählten Hochzeitstagen, der folgenden Tabelle:

Eheschließung: Grüne Hochzeit

1. Jahr: Papierene Hochzeit

35. Jahre: Leinwandhochzeit

5. Jahre: Hölzerne Hochzeit

40. Jahre: Rubinhochzeit

7. Jahre: Kupferne Hochzeit

50. Jahre: Goldene Hochzeit

10. Jahre: Rosenhochzeit

60. Jahre: Diamantene Hochzeit

15. Jahre: Gläserne Hochzeit

65. Jahre: Eiserne Hochzeit

20. Jahre: Dornenhochzeit

70. Jahre: Gnadenhochzeit

25. Jahre: Silberhochzeit

75. Jahre: Kronjuwelenhochzeit

30. Jahre: Perlenhochzeit

100. Jahre: Himmelshochzeit

Diese Aufzählung der möglichen, aber mit zunehmender Dauer immer unwahrscheinlicher werdenden, Ehe-Jubiläen, strahlt zweifellos einen gewissen Optimismus aus. Bei der seinerzeit deutlich geringeren Lebenserwartung, eine Ehedauer von 100 Jahren überhaupt nur in Erwägung zu ziehen, zeugt von langfristigen Zielvorstellungen und Lebensplanungen, die sich wohltuend von der heutigen, auf den Genuss des Augenblicks fixierten, Ex und Hopp Mentalität unserer Fun-Society abhebt.

Vielleicht sollte damit aber auch gesagt werden, dass es praktisch unmöglich ist, gemeinsam in den Himmel zu kommen. Zudem sind die Hochzeitstage vorwiegend nach Materialien ansteigender

Härte benannt, wohl als Ausdruck für die zunehmende Belastung des Durchhaltevermögens.

Die längste Ehe soll 91 Jahre und 12 Tage gedauert haben. Zwei Amerikaner haben das durchgestanden. Daniel Frederick Bakeman und Susan Brewer waren neunzehn und vierzehn Jahre alt, als sie 1774 heirateten. Selbst renommierte Ahnenforscher halten es daher für unwahrscheinlich, dass – wie auch immer geartete – Verwandtschaftsverhältnisse mit den Hollywood-Diven Liz Taylor (8 Ehen) und Zsa Zsa Gabor (9 Ehen) bestehen.

Auch die kürzeste Ehe wurde, wen wundert es, in den USA vollzogen. Die Braut starb nur eine Stunde nach dem Ja-Wort, an einem Herzinfarkt auf der Tanzfläche.

Wer nun meint das zählt nicht, akzeptiert vielleicht die 4-Tage-Ehe des britischen Paars Nicky Pears (29) und seiner Frau Tammy Driver (21). Nicky verprügelte Tammy gleich nach der Hochzeit, wohl um die Sexualrangordnung festzulegen, und sie reichte einen Tag später die Scheidung ein.

Unabhängig von diesen Extremen, ist es jedoch nun wirklich an der Zeit die Erreichbarkeit der hohen Ehe-Jubiläen zu demokratisieren. Denn wie lässt sich heute noch rechtfertigen, warum das feierliche Begehen einer Goldenen- oder Diamantenen-Hochzeit ausschließlich einer langlebigen Elite vorbehalten bleiben soll. Die mangelnde

Bereitschaft linksorientierter, politischer Gruppierungen sich dieses Themas anzunehmen, ist augenscheinlich auf deren Absichten zurückzuführen, die Ehe überhaupt abzuschaffen. Trotzdem sei an dieser Stelle noch einmal der Vorschlag erwähnt – für den es doch eigentlich eine politische Mehrheit geben sollte – Hochzeitstage nicht mehr jährlich, sondern monatlich zu feiern. Dadurch wäre die Silberhochzeit bereits nach 25 Monaten erreicht und die Himmelshochzeit nach 8 Jahren und 4 Monaten.

Diese Zielvorgaben lägen damit alle noch im Bereich des Machbaren und ließen die Beteiligten nicht mit dieser entsetzlichen Hoffnungslosigkeit allein. Zudem verstärken häufige Festivitäten den interfamiliären Zusammenhalt, verlängern also die Ehedauer und stimulieren familienübergreifend, ganz erheblich die Binnennachfrage. (Geschenkeindustrie, Gastronomie etc).

Sollte diese Anregung von der Familienminister-Konferenz der Länder jedoch wieder abschlägig beschieden werden, bleibt als letzter Ausweg nur, das heilige Sakrament der Ehe gegen eine profane Lebensabschnitts-Partnerschaft auszutauschen. Dieses Konstrukt hätte ebenfalls den Vorteil, den Schritt ins unbekannte Endlose, sowie die damit verbundenen, ambivalenten Erwartungshaltungen zu relativieren.

Man bleibt zudem auf vertrautem Terrain, da alle wichtigen menschlichen Lebensabschnitte, zwar Veränderungen unterworfen aber letztlich doch zeitlich limitiert sind. Man denke beispielsweise nur an Arbeitszeiten, Urlaubsreisen, Entwöhnungskuren, Fußballspiele uam. Lediglich die Dauer einer Schwangerschaft scheint konstant auf neun Monate festgelegt, obgleich, wie Gynäkologen versichern, der Trend zu Abbrüchen und Frühgeburten unübersehbar ist.

Dieses Lebensabschnitts – Modell kreiert auch schnell neue Images und Standards. Ein „Zwei-Jahres-Mann" wirkt einfach seriöser, als so ein windiger „Sechs-Wochen-Lümmel", wogegen ein „Zehn-Jahres-Bürokrat" schnell als unflexibel und spießig gilt.

Partnerschaften dieser Art ermöglichen bisher ungekannte Planungschancen. Ähnlich wie einst Damen auf Tanzveranstaltungen Berechtigungsscheine für bestimmte Tänze an die hechelnde männliche Meute vergaben, können sie heute interessierte Lover mit den Worten beglücken: „In einem Vierteljahr bin ich für acht Monate frei. Plan schon mal die Hochzeit. Und nun schmier ab, mein LAP (Lebensabschnittpartner) ist gleich online."

Wie gesagt, das sind alles noch Zukunftsträume. Die Realitäten sehen anders aus. Stellen wir uns doch nur so ein Ehepaar vor, sechs Monate nach der Hochzeit, die für jeden sechs gefühlte

Jahre sind, da sie in sexueller Diaspora leben. Weil vorehelicher Verkehr heute weder bestraft noch gesellschaftlich geächtet wird, geht auch niemand mehr unberührt in die Ehe. So haben also, nach Expertenschätzungen, beide bisher mit vierzig bis achtzig unterschiedlichen Partnern von ihrer sexuellen Selbstbestimmung Gebrauch gemacht. Jetzt fühlen sie sich plötzlich eingeengt und verstehen eigentlich nicht so ganz, warum sie das aufgeben sollen, was ihnen früher immer so viel Spaß gemacht hatte. Wenn sich beide nun einig sind, wie man es von einem liebenden Paar erwarten sollte, beenden sie ihre Leidenszeit und besuchen gemeinsam einen

***

Swinger-Club

Im Swinger-Club treffen sich Swinger, (engl: pendeln, nämlich von einem zum anderen) die ihre Sexualität ohne Einschränkungen mit unterschiedlichen Partnern praktizieren, jenseits konventioneller Moralvorstellungen oder gesellschaftlicher Tabus. So wird unter anderem auch die Möglichkeit geboten Sexpraktiken wie Partnertausch, Voyeurismus, Exhibitionismus und Gruppensex auszuleben.

Unterschieden werden reine Pärchenclubs und solche in denen auch Einzelpersonen Zutritt haben. Clubs mit Bezeichnungen wie Partytreff, FKK-Club oder Saunaclub beschäftigen zusätzlich Prostituierte.

So ein Club ist in unterschiedliche Bereiche aufgeteilt. Umkleide mit Schließfächern, Sauna, Whirlpool, sowie Bar und Snacksektion. Den größten Platzbedarf beansprucht jedoch der Sex-Bereich. Er ist unterteilt in Spielwiesen für Gruppensex, Spiegelzimmer, Darkroom, SM-Raum sowie Zimmer mit Gynstuhl und Massageliegen.

Um die Kundschaft bei Laune und in Schwung zu halten, laufen in den Räumlichkeiten der Lust auf Monitoren ununterbrochen Porno-Film-Sequenzen. Um die Lustschreie und das Stöhnen der Protagonisten nicht zu übertönen, wird häufig auf zusätzliche Musikberieselung verzichtet.

Will man dieser Lustbarkeiten teilhaftig werden, ist dafür ein Pauschalpreis von etwa hundert Euro pro Paar zu entrichten. Wie immer im Sex-Gewerbe: Natürlich vorher.

Ist man bereit diese Summe zu zahlen, macht aber einen odeur-visuell ungepflegten Eindruck, weil man beispielsweise aus religiösen Gründen in Monaten ohne „R" jeden Körperkontakt mit Wasser meidet, beziehungsweise unter Alkoholeinfluss oder dem einer Lieblingsdroge steht, kann einem der Zutritt verwehrt werden. Man sieht dann zwar seine Angetraute allein im Club verschwinden, spart aber auch die hundert Euro, da Einzelfrauen kostenlosen Zutritt haben.

Ähnlich wie in Schwulensaunen werden auch hier Mottoabende organisiert, die zu bestimmten Themen wie „Bi", „Gay" oder „Rudel" stattfinden.

Grundsätzlich sind auch gewisse Kleidervorschriften zu beachten. In den meisten Häusern sind Dessous das Club-Outfit. Dabei gilt Baumwoll-Feinripp als verpönt. Vorgeschrieben sind häufig leichte Fetisch-Outfits in Lack und Leder.

Viele Swinger-Club Betreiber werben damit, dass auch langjährige, eingeschlafene Beziehungen durch die Erlebnisse im Club wieder aufgepeppt werden. Tatsache ist jedoch, dass viele Besucher auf diese Weise sich kostengünstig von ihrem Partner trennen wollen, da sie hoffen, der möge sich dort in einen anderen verlieben.

Darum Lebensregel Nummer eins beachten: Niemals einen armen Mann oder eine hässliche Frau heiraten. Beide wird man nur schwer wieder los.

Man mag es kaum noch erwähnen, aber die Vereinsmeierei ist auch bei den Swingern weit verbreitet. Daher hat man in Deutschland den „Zusammenschluss der Paare- und Swinger-Clubs ZPS e.V." ins Leben gerufen. International sind im Verein „NASCA International" mit Sitz in Kalifornien, Clubs und Swinger aus 27 Ländern organisiert.

Sollten sie das Bedürfnis verspüren so einen Club aufzusuchen, wissen aber nicht wo sie einen finden können, googeln sie einfach. Im WWW finden sie nicht nur Online-Swingerclubs, in denen Gleichgesinnte auf Sex-Partner-Suche sind, es stehen auch Listen zur Verfügung aus denen sie die Adressen der realen Clubs in ihrer Nähe entnehmen können.

Haben ihre ständigen, gemeinsamen Clubbesuche, inklusive mehrfacher Clubwechsel, bisher jedoch nicht das gewünschte Ergebnis gebracht, geben sie nicht vorschnell auf, indem sie Scheidung in Erwägung ziehen. Dieser kostenzementierende, in den finanziellen Abgrund führende Super-Gau muss wirklich die Ultima ratio bleiben.

Nagen an ihnen jedoch Zweifel, dass sie ihres Partners wirklich überdrüssig sind, obgleich er es vor ihren Augen mit anderen treibt, starten sie einen neuen Versuch und engagieren einen.

**

Sexualtherapeuten

Zögern sie nicht länger, das Thema ist total in. Selbst das Öffentlich-Rechtliche ZDF dreht eine Staffel nach der anderen mit dem Titel: „Make Love". Die aktuelle Problematik ist somit erkannt, gesellschaftlich abgesegnet und akzeptiert, so dass sie sicher sein können, kein sonderlicher, non-konformistischer Einzelgänger zu sein, sondern zu einer ausreichend großen Masse ähnlich frustrierter Menschen zu gehören. Denn es ist doch immer wieder ein schönes Gefühl an Beschwerden zu leiden, die in der Nachbarschaft auch bekannt sind.

Sind sie ein Mann, beschäftigen sie natürlich eine Therapeutin. Wer will sich denn auch von irgend so einem gescheiterten Anlageberater erklären lassen, wo sich die erogenen Zonen der Frau befinden. Denn genau darum geht es.

In einer sogenannten Sitzung, die fünfzig Minuten dauert und achtzig Euro kostet, wird ihnen folgendes Basiswissen vermittelt:

…wie lange guter Sex dauern soll

…ob man lesbisch ist, wenn man von Sex mit anderen Frauen träumt

…wer mehr Lust hat, Männer oder Frauen

…ob es ihr nicht gefallen hat, wenn eine Frau nur leise stöhnt

…wann Enthaltsamkeit die Lust steigert

…was gute und schlechte Pornos sind

…welche Rolle die Penisgröße spielt

Wenn sie dieses und ähnliches Wissen verinnerlicht haben, gelten sie im Freundeskreis bald als Frauenversteher beziehungsweise Männerflüsterin.

Darauf gibt ihnen die Therapeutin noch ausreichend Zeit, sich in ihrem Devotionalien-Shop nach Produkten umzusehen, die früher vornehmlich von Beate Uhse verkauft wurden.

Scheuen sie jedoch die Ausgabe ihres sauer verdienten Geldes für selbsternannte Sexual-Therapeuten und träumen weiterhin davon, irgendeines Morgens wieder als glücklicher Single, zuerst unter die Dusche zu dürfen, bleibt ihnen nur noch die

***

Kuschelparty

Mal ehrlich, Partyfreunde sind wir doch alle. Es zeugt von sozialer Kompetenz, extrovertiert auf fremde Menschen zuzugehen, ihre Sorgen zur Kenntnis zu nehmen, zu verstehen und gemeinsam die zu verteufeln, die für diesen Schlamassel verantwortlich sind. Leider sind diese Schurken niemals anwesend, aber man weiß genau wo man sie zu suchen hat.

Diese geistige Verschmelzung wird jetzt noch getoppt durch die Erfüllung eines menschlichen Grundbedürfnisses nach Berührung und sonstigen Körperkontakten, die Freude und Wohlbefinden wachsen lassen. Daher ist die Kuschelzeit – und da sind sich alle Anbieter einig – gut zum

…entspannen, auftanken und genießen

…berühren und berührt werden

…kennenlernen neuer und interessanter Menschen

Da nun nicht jeder Mensch unter Berührungsängsten leidet, und auch der Begriff Körperkontakt unterschiedliche Assoziationen auslöst, ist die Einhaltung gewisser Regeln unerlässlich:

…pünktliches Erscheinen ist unabdingbar

…die Klamotten bleiben an

…no Sex, kein Küssen, keine intimen Berührungen

…Schuhe werden ausgezogen, saubere Socken sind ok

… sage ehrlich wie es dir geht und was du willst

…bitte um Erlaubnis wenn du jemanden be rühren willst

…respektiere auch ein nein

…willst du ein ja, sage auch ja, wenn nicht sage nein

…jeder darf mit jedem kuscheln

…du kannst zu zweit aber auch mit allen kuscheln

…du kannst jederzeit aussteigen

…hast du jetzt immer noch nicht alles begriffen, frage später die Kuscheltrainerin.

Wer nun glaubt bei einer Kuschelparty liegen die ganze Zeit so an die dreißig Körper ineinander verkeilt auf einer Matte, wie nach einer ICE-Vollbremsung im Wagengang, irrt. Im Gegensatz zu anderen Partys kann diese nicht außer Kontrolle geraten, da sie streng reguliert ist durch die folgende Ablaufplanung.

Teilnehmer: 20-30 Personen
Vorkenntnisse: nicht erforderlich
Dauer: 3-4 Stunden
Atmosphäre: locker

1. Phase: Verschiedene Übungen mit Musik und Tanz zum Ankommen und gegenseitigem Kennenlernen. Kopf ausschalten durch weitere Vertrauens- und Sensibilisierungsübungen. Vorstellungsrunde.

2. Phase: Austoben. Spielerisches Kennenlernen durch theaterpädagogische Übungen. Bewegungsspiele und Tanz.

3. Phase: Zentraler Höhepunkt. Entspanntes Liegen und Kuscheln. Nähe zulassen durch Berühren, Streicheln und Massieren.

4. Phase: Abschied, Feedback, Abschlussübung.

Natürlich läuft jede Kuschelparty anders. Aber das gemeinsame Grundmuster ist immer das gleiche. Zuerst Übungen zum gegenseitigen Kennenlernen und Annähern, danach die Schaffung körperlicher Vertrautheit und abschließend das gemeinsame Kuscheln.

Intensivnutzer von Swinger-Clubs seien jedoch gewarnt. Den eigenen Partner in einem engumschlungenen Knäuel von Körpern, Armen, Beinen und Fingern, die damit beschäftigt sind die Regeln zu umgehen, zu lokalisieren, ist im bekleideten Zustand fast unmöglich. Es fehlen einfach die zur sicheren Identifizierung nötigen körperspezifischen

Merkmale wie Gesäßbacken-Tätowierungen, Brustumfang, Leberflecken etc. Erschwerend kommt weiter hinzu, dass man seinen Partner, in Gegenwart so vieler Fremder, noch nie bekleidet im modischen Outfit erlebt hat. Vermeiden sie es daher eine traumatische Erfahrung zu machen.

Ist ihnen jedoch das Glück hold, sehen sie ihren Partner sowieso nie wieder, denn diese Partys sind vollgestopft mit verunsicherten, aber sendungsbewussten Gutmenschen, die für alles Verständnis haben und die Sorgen anderer zu ihren eigenen machen. Sicher hat man sie inzwischen als Verursacher allen Elends gebrandmarkt.

Sollte dagegen der ihnen angetraute Partner – entgegen aller statistischen Wahrscheinlichkeiten – trotzdem wieder aufscheinen, bleiben ihnen tatsächlich, abhängig von ihrem Bindungsgrad, nur noch folgende Möglichkeiten. Einmal die vom Staat nicht zu sanktionierende

***

Trennung

Völlig zu Unrecht ist der Begriff „Trennung" negativ besetzt. Ständig schwingen bei seiner Verwendung Empfindungen wie Schmerz, Leid, Tränen und Tod unausgesprochen mit. Dabei war dies durchaus nicht immer so, wie die beiden kontroversen Sprichwörter beweisen:

Trennung ist der Liebe Tod.
Trennung frischt die Liebe auf.

Wir sollten uns daher wieder einmal auf die positiven Aspekte einer Trennung besinnen, die schließlich aus einem angeödeten Paar zwei glückliche Singles macht. Na gut, zumindest aber einen. Außerdem schafft sie Arbeitsplätze, denn das Geschäft boomt, da die Beziehungen immer kürzer andauern. Und schließlich ist es mit der Trennung ja nicht getan. Denn wie das Sprichwort schon richtig sagt: Trennung frischt die Liebe auf. Genau so ist es auch. Natürlich nicht die, mit der oder dem Ex, nein, etwas Neues muss es sein. Und genau dies wird uns, zeitlich synchron zum Trennungsverfahren, ebenfalls geboten. Doch greifen wir den Ereignissen nicht vor.

Für den, meist einseitig initiierten Trennungsakt, stehen Trennungs-Agenturen zur Verfügung, welche die lange Liste der Dienstleistungsangebote rund um die Verwaltung zwischenmenschlicher Beziehungen komplettieren.

Im WWW finden sie einige dieser hilfreichen Unternehmen auch in ihrer Nähe. Denn Trennungen kosten nun mal nicht nur Geld, sondern auch Kraft und Nerven.

Leben sie also in wilder Ehe oder in einer ähnlich lockeren Beziehung, die ohne richterliches Urteil aufgelöst werden kann, bedienen sie sich des Knowhows dieser Spezialisten. Oder wollen sie sich etwa selbst, während der zu erwartenden Auseinandersetzungen, den Zügellosigkeiten exzessiver Fäkalsprache aussetzen? Sicher nicht, in diesen aufgeklärten Zeiten politischer Korrektheit. Wir lassen jetzt Schluss machen. Denn es fallen, wenn sie nicht mehr weiter wissen, ungleichgeschlechtliche Kontrahenten immer wieder auf das Basiswissen ihrer Ahnen zurück: „Alle Männer sind Schweine" oder „Weiber sind…", na sie wissen schon.

So sollen sich doch die Profis kümmern. Sie vermitteln, übermitteln Nachrichten und regulieren Eigentumsüberführungen wie Möbel, Haustiere oder Verlobungsringe, während man sich selbst entspannt auf die Suche nach einer neuen Liebe begeben kann. Hierbei würde die Agentur auch noch gern behilflich sein, aber wir kennen ja noch unsere Partnervermittlung vom letzten Mal.

Aber mal ganz unter uns. Die Geschäftsidee, langfristige Kundenbindung durch die gleichzeitige Vermittlung neuer Liebespartner zu erreichen, von denen der Kunde sich durch Agenturhilfe dann später wieder trennen kann, erscheint durchaus tragfähig. Es ist sogar ein gut durchdachtes Konzept. Wer über vagabundierendes Risikokapital verfügt, sollte sofort einsteigen.

Doch zurück zum Thema. Für besonders bedürftige Klienten wird auch noch die Suche nach passenden Immobilien und Jobs erledigt. Hauptaufgabe bleibt jedoch die diskrete, professionelle, klientenschonende Trennungsdurchführung. Schließlich ist es die Unternehmensphilosophie dem Auftraggeber das Leben angenehmer zu gestalten, sowie ihm den Rücken freizuhalten.

Um diesem Anspruch zu genügen werden, weder Kosten noch Mühen scheuend, für den Klienten folgende Aufgaben übernommen:

…kompetente Regelung aller Angelegenheiten

…Übermittlung von Nachrichten, persönlich oder schriftlich

…Vermittlung in Konfliktsituationen

…Deeskalation verfahrener Angelegenheiten

…Übergabe persönlichen Eigentums

…Verhinderung von Telefonterror und Überwachungen

…Neuorganisation des Lebens (Wohnung, Telefonnummern, eMail-Adressen, etc.)

…Hotelunterbringung in Notfällen
…Vermittlung von Personen- und Sachschutz
…Organisation von Trennungspartys
…Versteigerung gemeinsamer Güter
…Suche nach einem neuen Partner

Hierbei handelt es sich um das „Allinclusive-Rund um sorglos-Paket", dessen Preisgestaltung Verhandlungssache ist.

Es gibt natürlich auch Dienste, die lediglich Briefe schreiben oder Mini-Pakete anbieten, so dass der Kunde selbst auch noch tätig werden muss.

Da gibt es beispielsweise das „Lass uns Freunde bleiben" Paket mit einfühlsamer Gesprächsführung am Telefon. Oder das „Lass mich in Ruhe" Paket mit bestimmten, konsequenten telefonischen Aussagen bis hin zum Kontaktverbot.

Am teuersten ist das Paket „Persönliches Schlussmachen" mit einem Gespräch vor Ort von sanft bis hartherzig, je nach Kundenvorgaben.

All diese Pakete sind durchaus preisgünstig erhältlich, und kosten so zwischen zwanzig und hundert Euro, gegen Vorkasse versteht sich.

Für viele Schlussmacher ist es beruhigend zu wissen, dass in einigen Trennungsagenturen auch echte Fußballfans das Sagen haben. Denn ist man mit einer Beziehung unzufrieden, will aber seinem Partner noch eine Chance geben, spricht man nicht etwa selbst mit ihm, sondern nimmt den „Gelbe Karten Service" in Anspruch. Die Agentur führt darauf ein klärendes Gespräch, gewissermaßen als letzte Warnung. Der so angesprochene Partner reagiert dann mit der kostenneutralen Bemerkung: „Ihr könnt mich alle mal", oder er macht vom „Verzeih mir Service" Gebrauch, der sich ebenfalls im Angebot befindet.

Ist es dann, dank der konzertierten Bemühungen aller Beteiligten, endlich zur Trennung gekommen, verteilen sich die Gefühle wie die Einsätze bei einem Nullsummenspiel. Des einen Leid, des anderen Freud.

Doch so sehr wir auch dem glücklichen Partner zu seinem wiedererlangten Single-Status alles Gute und Beste wünschen, so wenig werden wir den Schmerzgeplagten mit seinem gebrochenen Herzen allein lassen. Für ihn gibt es ebenfalls professionelle Hilfe durch Agenturen, die es sich zur Aufgabe gemacht haben, gegen ein per Vorkasse zu entrichtendes Entgelt, Sorge zu tragen für die völlige Beseitigung der

***

Trennungsschmerzen

Denn wer kennt ihn nicht, diesen elenden Liebeskummer. Schlaflose Nächte, Weinkrämpfe, Wutanfälle, Trauer, in die Magersucht führende Appetitlosigkeit, Konzentrationsschwächen und vieles mehr. Man stürzt in tiefe Niedergeschlagenheit und sympathisiert mit Gurus, die den nahenden Weltuntergang vorhersagen.

Während jedoch der statistische Durchschnittsmensch diese emotionalen Aussetzer nach knapp einer Woche überwunden hat und sich danach kaum noch erinnern kann, warum er eigentlich neulich keinen Bock auf seine geliebten Currywürste mehr hatte, erklären professionelle Seelentröster, Liebeskummer zu den schlimmsten Seelenkrankheiten des Lebens.

Warum? Das sollten sie jetzt eigentlich jetzt schon wissen, liebe Leser. Genau! Wer Probleme gewinnbringend lösen will, muss sie erst einmal schaffen. Das ist ein alter Marketing-Grundsatz aus der Waschmittelindustrie.

So werden Psychotherapeuten und Neurologen bemüht, die in Gehirnen von Liebeskranken ähnliche Muster entdecken, wie bei körperlich Schwerverletzten oder Drogenabhängigen. Dagegen ist kaum etwas zu sagen, denn in unserem Lande genießen Experten hohes Ansehen und man vertraut ihren Expertisen. Zu Rudeln verdichtet tauchen sie im Fernsehen auf, wo sie, uns alle berührende, Lebensbereiche wie Politik, Terrorismus und Verkehr (Straßen- und Sexual-) aufklärerisch näher bringen.

Auf ähnliche Weise funktionieren die im Internet agierenden „Anti-Trennungsschmerz-Dienste". Ihre fachkundigen Erste-Hilfe Angebote bei Liebeskummer durch Trennung lehren uns:

…Loslassen

…Kummer verstehen und überwinden

…Trennung verarbeiten

…was Trennungsphasen bedeuten

…wozu ein Trennungs-Tagebuch gut ist

…dass diese Krise auch eine Chance ist

Dies alles und noch viel mehr kann man lernen durch:

…telefonische Beratung, wozu Telefon- und Sky-Pakete mit   unterschiedlicher Gesprächsanzahl zur Auswahl stehen

…Beratung per Email

…Email-Kurse mit Ratschlägen und Übungen

…Reise in ein Vertragshotel incl. Intensivem Liebeskummer-Coaching

Gemäß der Weisheit unserer Ahnen „Geteiltes Leid ist halbes Leid", gibt es zusätzlich Foren zum Thema „Liebeskummer & Trennungsschmerz" die dem Verlassenen qualifizierte Hilfe bieten.

Wer nach all diesen Bemühungen seinen Trennungsschmerz immer noch nicht überwunden hat, ist doppelt geschädigt, denn nun kommt das Elend einer überzogenen Kreditlinie noch hinzu.

***

Scheidung

("Scheiden tut weh!" Volksmund)
Die Scheidung ist die formelle juristische Auflösung einer Ehe. Scheiden lassen kann man sich überall auf der Welt, mit Ausnahme der Philippinen und dem Vatikanstaat. In Deutschland kann nur ein Gericht die Ehe rechtskräftig scheiden. Dabei herrscht Anwaltszwang.

Es entstehen also schmerzhafte Aufwendungen, die sich aus Gerichts- und Anwaltskosten zusammensetzen. Diese wiederum bemessen sich nach dem Streitwert, der sich aus folgenden Faktoren zusammensetzt:

…Nettoeinkommen der Ehepartner
…Anzahl unterhaltsberechtigter Kinde
…Vermögen der Eheleute
…Versorgungsausgleich

Dies gilt für einvernehmliche Scheidungen, bei denen auch nur ein Anwalt mit dem Verfahren beauftragt werden kann. Ist es jedoch vorgesehen eine Schlammschlacht vor Gericht auszutragen, werden nicht nur zwei Anwälte benötigt, sondern gegebenenfalls auch noch Gutachter, Experten etc.

Der expansive Scheidungsmarkt hat sich inzwischen zu einem so lukrativen Geschäft entwickelt, dass im Web nicht nur Anwälte ihre Dienste anbieten, auch Scheidungs-Beratungs-Agenturen aller

Art bemühen sich um Stücke vom großen Kuchen. Um nicht den Zorn der Advokaten auf sich zu ziehen, betonen diese immer wieder, keine Rechtsberatung vorzunehmen, sondern den Betroffenen lediglich die wirtschaftlichen, sozialen und psychologischen Aspekte einer Scheidung aufzuzeigen. Dabei sind sie bundesweit tätig und begleiten ihre Kunden, nach eigener Aussage, vor, während, sowie nach einer Scheidung. Wahrscheinlich mutieren sie dabei zur Partnervermittlung. Bisher unbestätigt ist das Gerücht einige Agenturen vergäben bei erneuter Inanspruchnahme ihrer Dienste durch einen früheren Erstkunden einen Treuerabatt von 35%.

Bestätigt ist lediglich, dass eine Eingangsberatung zum Vorzugspreis von 49,00 Euro/Stunde erhältlich ist. Dafür werden dann aber auch essentielle Basisprobleme geklärt wie: „Wo spare ich am besten, wenn das Geld nicht reicht?" „Ab wann bin ich überschuldet?"

Darüber hinaus bieten Einrichtungen wie pro familia, Caritas, Verbraucherzentralen kostenpflichtige Kurzberatungen an.

Selbst BILD, das führende Boulevardblatt der Republik, hat diesem Thema Aufmerksamkeit geschenkt und Tipps veröffentlicht, die helfen bei einer Scheidung nicht über den Tisch gezogen zu werden. Einige davon lauten:

…Unterlagen sichern, falls nötig vom Partner kopieren. Belege über Einkommen, Vermögen etc.

…Email-Passwort ändern

…für gemeinsame Bankkonten Dispo-Rahmen widerrufen

…wird der Partner gewalttätig, alles protokollieren incl. Zeugenaussagen von Nachbarn. Straftaten bei der Polizei anzeigen

…niemals freiwillig aus Haus oder Wohnung ausziehen

…Jahreseinkünfte und Vermögen des Partners auflisten

…um das Sorgerecht zu bekommen, intensive Kontakte zu Sachbearbeiterinnen des Jugendamtes, Kindergärtnerinnen, Lehrern und Freunden ihrer Kinder, sowie deren Eltern halten.

Soweit die guten Ratschläge. Vorsorgliche Mitbürger beginnen gleich nach der Hochzeit mit den nötigen Vorbereitungen.

Wer nun wenig Neigung dazu verspürt sich auf den harten Stühlen einer Anwaltskanzlei den Hintern wund zu sitzen, während eine gelangweilte Rechtsanwaltsfachangestellte die noch fehlenden Unterlagen reklamiert, bleibt zuhause und wählt die bequeme, kostengünstige und zeitsparende „Online-Scheidung".

Insbesondere für einvernehmliche Trennungen ist dies die optimale Wahl, wenn man sich auch noch für die Express-Variante entscheidet. Denn

…das Scheidungsformular kann online ausgefüllt werden

…Unterlagen werden per Email oder Fax übermittelt

…die Kommunikation erfolgt über Telefon und digitale Medien. Terminvereinbarungen und Kanzleibesuche sind nicht erforderlich.

Bereits vier Stunden nach dem Eingang der Unterlagen beim Anwalt, werden diese dem Gericht eingereicht. Im besten Fall muss der Klient für eine Scheidung weniger als eine Stunde aufwenden, inklusive Gerichtstermin. Den Rest erledigt der Anwalt.

Und so geht's in der Praxis:

…der Klient füllt den Scheidungsantrag sowie die Vollmacht aus und sendet beides an den Anwalt

…dieser übergibt den Scheidungsantrag Gericht

…das Gericht bestimmt den Scheidungstermin

…der Klient verlässt zum ersten Mal das Haus und wird geschieden.

Unglaublich kurz, nicht wahr? Andererseits auch wieder nicht, wenn man berücksichtigt, dass man seinen Traumpartner beim Speed-Dating nach nur sieben Minuten für immer und ewig ins Herz geschlossen hat.

Da jedoch der technische Fortschritt in unserer degenerierten Gesellschaft vor nichts halt macht, können von der Ehe zermürbte Mitmenschen, sich nun auch per Smartphone scheiden lassen.

Dazu werden Apps für iPhone und iPad angeboten. Man trägt seine Daten ein und fotografiert die nötigen Dokumente. Dann geht alles per SMS in die Kanzlei, die später den Gerichtstermin mitteilt.

Insider, die von diesem Geschäft leben sehen Smartphone-Apps noch längst nicht als das Ende der Fahnenstange. In naher Zukunft, prognostizieren sie, wird es Scheidungen per Video-Konferenz geben, denn das klassische Verfahren mit Juristen in schwarzen Talaren in altehrwürdigen Gerichtssälen ist ein Auslaufmodell.

Trotz DSL, WLAN und Kabel-Glasfasernetzen werden wir anderen Kulturen auch zukünftig, zeitlich hinterher hinken. So wird etwa ein Muselmane allein durch das dreimalige Aussprechen der Scheidungsformel von seiner Angetrauten rechtsgültig geschieden. Dies macht wieder einmal deutlich, dass keineswegs nur der technische Fortschritt das Leben erleichtert.

***

Rache

Nach einer Trennung oder Scheidung mit richterlichem Urteil fühlt sich zumindest ein Partner ungerecht behandelt. Denn besonders in Liebesdingen wird man an seiner empfindsamsten Stelle getroffen. Man ist verletzt, fühlt sich betrogen, gekränkt und in seinem Selbstwertgefühl erheblich angekratzt. (Diesem Schwein habe ich nun meine Jugend geopfert)

Voller Wut und Zorn könnte man den anderen auf der Stelle erwürgen. Zumindest wünscht man ihm die Pest an den Hals.

Rache in dieser oder ähnlicher Form wird jedoch nur toleriert wenn sie in der eigenen Fantasie stattfindet. Führt man seine blutrünstigen Gelüste aus, landet man in Kürze wieder im Gerichtssaal und sieht sich weiterer Fehlurteilen ausgesetzt.

Trotzdem ist Vergeltung wichtig für die seelische Gesundheit, da sie Verletzungen besser verarbeiten lässt. Sie ist außerdem eine grundlegende menschliche Notwendigkeit passiv Erlittenes in aktives Handeln zu verwandeln. Man fühlt sich als Opfer und rächt sich, wodurch man zum Täter wird und zumindest Genugtuung erreicht.

Deswegen erfreut sich auch der alttestamentarische Rat „Auge um Auge, Zahn um Zahn" größerer Beliebtheit als das Gebot christlicher Vergebung.

Inzwischen halten Experten die Vergeltung für eine kreative Form der Psycho-Hygiene, solange sie nicht in Blutrache ausartet. Doch Rache ist nicht nur süß, sie schmeckt auch kalt gut. Es scheint ein Urbedürfnis nach Gerechtigkeit zu geben, das ein Zusammenleben von Menschen nur möglich macht, wenn ein subjektiv gestörtes Gleichgewicht wieder erreicht wird. Die Balance, wie zwischen linker und rechter Seite einer mathematischen Gleichung, muss wieder hergestellt werden.

Da nun aber ein halbwegs normaler Mensch nur das als gerecht empfindet, was ihm nützt, ist er zwangsläufig Zeit seines Lebens von Ungerechtigkeiten umgeben. Die meisten hat er gelernt klaglos hinzunehmen, besonders signifikante regen ihn zähneknirschend auf, aber die wirklich persönlichen kann er nicht ohne Gegenwehr in sich hineinfressen. Sie gehen unter die Haut und müssen geahndet werden. Schließlich hat der Verzicht auf ein starkes Verlangen noch nie zu erleichternder Befriedigung geführt.

Dabei sind die Toleranzschwellen durchaus unterschiedlich. So mag manch weibliches Wesen nach der schelmisch-neckischen Bemerkung seines Lovers: „Dein Busen reicht ja heute wieder bis unter die Gürtellinie", bereits an Rache denken. Ein gewisser südlicher Männertyp gerät ebenfalls schon in Rage wenn die angetraute Liebste seine nur mittelprächtigen Genitalienmaße belustigt mit denen anderer Mitglieder der „Rauten-Ultras" vergleicht. Solche Reaktionen sind eigentlich unverständlich, denn es gibt ja nun wirklich wichtigere Dinge.

Früher lag die Rache in Gottes Hand. Denn „die Rache ist mein", spricht der Herr. Doch seitdem er in unseren Breiten sehr an Ansehen eingebüßt und die meisten seiner Anhänger verloren hat, haben wir ihm das Rachemonopol entzogen und es dem Internet anvertraut.

Und so tummeln sich hier inzwischen Rache-, Revenge- und Vergeltungsagenturen, die gegen Vorkasse die abgefahrensten Rachegelüste befriedigen.

„Ob sie nun Schmähungen und Herabsetzungen hinnehmen mussten durch einen betrügerischen Geschäftspartner, eine besserwisserische Kollegin im Büro, eine hinterhältige Nachbarin oder einen guten Freund, der ihnen die Liebste ausgespannt hat, jedem und jeder wird ein professioneller Denkzettel verpasst, den keiner so schnell wieder vergessen wird."

So oder ähnlich lauten die Werbeversprechen der Agenturen. Selbst den Familien der dankbaren Kundschaft wird übel mitgespielt, wenn beispielsweise die pubertierenden Gören nicht so wollen, wie es der fürsorgliche Vater will.

Die Racheprofis versichern immer wieder, dass es sich bei ihnen um außergewöhnliche Menschen, mit unerschöpflicher Kreativität handelt, die sich aber trotzdem mit ihren Racheaktionen im Rahmen bestehender Gesetze bewegen. Das engt die Vorfreude des potentiellen Kunden natürlich etwas ein. Aber wer weiß schon wie weit diese Kreativlinge Legalität auslegen, wenn mit einem Scheck gewedelt wird, der das geforderte Honorar weit übersteigt.

Es wird auch zugesichert, dass der eigentliche Verursacher des angerichteten Schadens völlig im Dunkeln bleibt. Das ist einerseits zwar beruhigend, andererseits aber Triumph schmälernd. Denn erst wenn der Bestrafte weiß, wem er seine Leiden verdankt, aber nichts dagegen unternehmen kann, stellt sich für den Rächer der ersehnte Kick ein.

Sollten ihnen die Mittel fehlen um eine Agentur zu beschäftigen, weil sie ihr mistiger Chef gerade entlassen hat, kaufen sie zumindest in einem dieser Rache-Shops ein E-Book aus dem sie die vielfältigsten Rache-Ideen für eigene Aktivitäten entnehmen können.

Übersteigt das ebenfalls ihren Finanzrahmen, lesen sie nachfolgend einige nicht mehr ganz aktuelle Rache-Ideen gratis:

…Rufen sie ihn/sie während derer Abwesenheit in der Firma an und bitten einen Kollegen die Info weiterzuleiten, dass die Swinger-Party heute Abend nicht am gewohnten Ort sondern bei Max stattfindet.

…Platzieren sie eine Anzeige in der Lokalzeitung: Er sucht sie, Sie sucht ihn, zum Verwöhnen. Handy- und Arbeitsplatz-Nummer angeben.

…Flyer mit seinem Bild und der Headline: „Potenzprobleme? Komm in unsere Selbsthilfegruppe." in Nachbarschafts-Briefkästen verteilen. Seine Geschäftsnummer angeben.

…Haarfärbemittel in Shampoo-Flasche füllen

…Vor Auszug Käsereste oder ähnliches, an schwer zugänglichen Stellen in der Wohnung deponieren.

…Vor Auszug Wohnungstürschloss austauschen. Gut abschließen und alle Schlüssel wegwerfen.

Es gilt das ungeschriebene Gesetz, sämtliche Strafmaßahmen dürfen nur die Zielperson treffen. Somit sollten Ideen wie diese Anzeige im Regional-Blatt unter kultivierten Rächern nicht zum Einsatz gelangen:

…3 Zi-Komfort-Wo, zentrale Lage, halbe orts übliche Vergleichsmiete, w/Todesfall sofort courtagefrei verfügbar, Tel., Besichtigung: Sonntag ab 7:00 Uhr.

Nachwort

Die Lektüre dieser lehrreichen Abhandlung lässt manche Leser nachdenklich zurück. Andere fühlen sich bei der Vielzahl sexueller Orientierungen überfordert festzulegen, zu welcher sie selbst gehören oder früher einmal gehört haben, da der Faktor Zeit eine entscheidende Rolle spielt. Denn genau wie ein heterosexueller Weiberheld sich zu einem asexuellen Frauenfeind wandeln kann, so kann sich ein autosexueller Sonderling zum ständigen Besucher halbseidener Schwulensaunen entwickeln.

Wer ehrlich mit sich selbst ist, wird erschreckt feststellen, dass er sich im Laufe seines Lebens bereits in mehreren dieser sexuellen Beziehungskisten aufgehalten hat. Glücklicherweise war dies immer unbemerkt geblieben. Oder etwa nicht? Warum war ihm eigentlich damals diese scharfe Tussi weggelaufen? Wie hieß sie doch gleich wieder? War ihr aufgefallen, dass er in dieser Klub-Sauna, im kritischen Genitalvergleich, fast nur die nackten Männer fixiert hatte? Die Rauten-Ultras hätten ihn sofort rausgeschmissen.

95% aller Menschen sind Heteros oder Heteras. Das ist der Mainstream und wer davon abweicht muss es sich leisten können oder mit den Konsequenzen leben. Schließlich kann man mit einem schwulen Sohn lange auf Enkel warten.

Wie auch im politischen Leben machen die sexuellen Minderheiten mit ihren lächerlichen Prozentpünktchen den meisten Krach. Ihnen hat es die schweigende Mehrheit zu danken, dass der Gesetzgeber mit sexueller Selbstbestimmung und exotischen Orientierungen seine Zeit vergeudet, anstatt die Lösung wichtiger Probleme in Angriff zu nehmen.

Wie bereits skizziert beinhaltet die sexuelle Selbstbestimmung die folgenden Bereiche:

...sexuelle Orientierung (Hetero, Homo, Bi, Poly etc.)

...Wahl der Sexpartner

...sexuelle Praktiken (BDSM etc.)

...Geschlechtsidentität (Transgender, Intersexualität, etc.)

...Form der sexuellen Beziehungen (Monogamie, Polyamory, Promiskuität etc.)

Man kann jetzt diese Kriterien immer wieder wahllos miteinander in Beziehung setzen und wird trotzdem keine Zusammenstellung finden, die es im täglichen Leben nicht gibt.

So ist ein schwuler, masochistischer Pädophiler genau so präsent wie ein bisexueller Transmann oder eine lesbische Dommse mit exhibitionistischen Neigungen.

Die Monogamie ist mittlerweile so gut wie ausgestorben. Da dürfte inzwischen die Nekrophilie über eine größere Anhängerschaft verfügen.

Stark im Kommen sind einige psychische Störungen, wie zum Beispiel die Symphorophilie, deren Anhänger durch das Betrachten von Unfällen und Katastrophen sexuelle Stimulans finden. Wie bereits detailliert geschildert, befinden sich die Symphoros, durch die auf Gewalt zugeschnittene Medienberichterstattung, im Zustand permanenter Erregung, da diese Beiträge wie pornografische Darstellungen auf sie wirken. Dies kann langfristig natürlich nicht ohne Folgen bleiben. Sicher werden Betroffene in Kürze einen Verband gründen und mit Hilfe der eigenen Lobby durchzusetzen versuchen, die Symphorophilie als gleichberechtigte sexuelle Orientierung anzuerkennen.

Umwälzende Veränderungen brechen sich im Fetischismus Bahn, wo den am häufigsten angewendeten Fetischen wie Schuhe, Strümpfe und Unterwäsche bedrohliche Konkurrenz durch das Smartphone erwachsen ist. Insbesondere Fetischisten, für die bisher Materialien wie Lack, Leder, Latex und Gummi, Objekte ihrer Begierden waren, greifen jetzt verstärkt zum Handy um in das Reich ihrer multiplen Orgasmen zu gelangen.

Aus einer streng geheimen Untersuchung des Bundesgesundheitsministeriums über die „Auswirkungen technologischer Neuerungen auf das Sexualverhalten junger Menschen" ist durch einen Whistleblower bekannt geworden, dass nicht nur Fetischisten diesem Trend verfallen sind, sondern auch über die Hälfte der ganz normalen jungen Heteros, das Handy inzwischen wichtiger finden als Sex. 40% von ihnen gaben an Sex auch schon mal verschoben oder sich besonders beeilt zu haben, um schnell zurück an Tablet oder Laptop zu kommen.

Die Folgen dieser Entwicklung sind überhaupt noch nicht absehbar. Entwickelt sich unsere Jugend zu Fetischisten oder wächst eine Generation angepasster Autosexueller heran? Was die Zukunft auch immer bringen mag, nicht reproduktiver Sex würde die Wohnungsnot in den Ballungszentren etwas lindern und gleichzeitig mehr Raum für Flüchtlinge schaffen.

Innerhalb der längerfristig ausgelegten Beziehungsformate (30 Tage plus), wird zweifellos die Ehe auf Zeit, deren Vorteile bereits geschildert wurden, ihren Siegeszug antreten. In unserem schnelllebigen, auf permanenten Wechsel ausgerichteten, fortschrittsorientierten Umfeld ist einfach kein Platz mehr für lebenslange Marathonläufe. Mittel- und Kurzstrecken sind angesagt.

Denn wie oft im Leben müssen wir beruflich umschulen, wenn der Job wieder einmal wegrationalisiert wurde oder durch eine Maschine besser und günstiger gemacht werden kann.

Wie oft im Leben müssen wir umziehen, weil die Gegend modernisiert und gentrifiziert wurde, so dass wir uns die neue Miete nicht mehr leisten können.

Wie oft im Leben wollten wir uns das Rauchen abgewöhnen, bis uns einfiel, dass es leichter ist den Arzt zu wechseln.

Dieses ständige Hin und Her bezieht sich nun nicht nur auf Personen, sondern auch auf Unternehmen, Staaten, unsere Erde und das Sonnensystem selbst. Nichts ist von Dauer, es kommt uns manchmal nur so vor. Besonders die Angst vorm Zahnarzt.

Unaufhörlich fühlt man sich durch nervtötende TV-Werbung gezwungen Strom-, Gas- und sonstige Anbieter zu wechseln, um auch noch den letzten Cent zu sparen. Nur ein preisbewusster Konsument ist schließlich den Anforderungen der Zeit gewachsen. Es soll inzwischen Menschen geben, die mit dem Bus irgendwo hin fahren, obgleich sie gar nicht verreisen wollten, aber dem günstigen Angebot nicht widerstehen konnten.

Immer häufiger brechen neue Religionskriege aus, da sich die Ajatollahs, Imame und Muftis dieser Welt nicht über den wahren Weg zu Allah einigen können.

In Kürze wird der steigende Meeresspiegel dazu führen, dass Millionen Menschen umgesiedelt werden müssen, in Gebiete, die schon jetzt übervölkert sind.

Umgeben von diesen Veränderungen, die unaufhörlich auf uns niederprasseln, ist eine, für die Dauer des Lebens konzipierte Institution ein steter

Störfaktor, der abgeschafft werden muss. Bleibt zu hoffen, dass unsere Politiker den Mut finden sich gegen diese Ignoranten in den purpurnen Operettengewändern zu erheben, die selbst nicht verheiratet sind, aber anderen vorschreiben wie es geht.

Es fielen nicht nur Scheidung und Trennungsschmerzen weg, auch der nachbarliche Zusammenhalt würde gefestigt durch Plaudereien über den Gartenzaun: „Ich habe gestern deine Dritte geheiratet." „Freut mich, ich bin mit deiner Zweiten inzwischen auch ganz zufrieden."

Prüfen sie also zu ihrer eigenen Sicherheit in welchen dieser Beziehungskisten sie sich bereits befunden haben oder immer noch stecken. Nachdem ihnen die Schamröte aus dem Gesicht gewichen ist, widerstehen sie dem Drang sich zu outen und behalten alles schön für sich. Sonst will nämlich niemand mehr etwas mit ihnen zu tun haben. Schließlich ist die Welt voll mit heuchlerischen Demagogen, die Wasser predigen und Whisky saufen.

Sollten sie dann irgendwann, natürlich möglichst spät, in die allerletzte Kiste springen, lassen sie sich bitte nicht einäschern. Es besteht schließlich immer noch die Hoffnung einer Auferstehung durch einen dankbaren Nekrophilen.

Zeitfracht Medien GmbH
Ferdinand-Jühlke-Straße 7
99095 Erfurt, Deutschland
produktsicherheit@kolibri360.de